idea

KB148985

직무적성검사 시리즈!

스펙 쌓기 경쟁은 과열되고 취업의 벽은 점점 높아지는데…
직무적성검사까지 대비하기에는 시간이 턱없이 부족하시죠?

그래서 시스컴이 야심차게 준비한
직무적성검사 3일 벼락치기 시리즈!

태블릿 PC나 좀 큰 스마트폰과 유사한 그립감을 주는
작은 크기와 **얇은 두께**로 휴대성을 살렸지만
꽉 찬 구성으로, **효율성은 UP↑ 공부 시간은 DOWN↓**

3일의 투자로 최고의 결과를 노리는
3일 벼락치기 직무적성검사 9권 시리즈

Vision

실전 GSAT 4 · 5일
(공통 대비 · 고졸형)

LG 인적성검사

간편하게
꺼내 푸는
내 손안의
직무적성검사

3일
벼락치기

직무적성검사

삼성 GSAT(통합형)

두산 DCAT 이공계

롯데그룹 L-TAB

두산 DCAT 인문·상경계

KT그룹 종합인적성검사

이랜드 ESAT

CJ그룹 CAT

SISCOM www.siscom.co.kr

직무적성검사

3일 벼락치기

타임 적성검사연구소

롯데그룹 L-TAB

3일
벼락치기
롯데그룹 L-TAB

인쇄일 2020년 8월 1일 초판 1쇄 인쇄　　**발행처** 시스컴 출판사
발행일 2020년 8월 5일 초판 1쇄 발행　　**발행인** 송인식
등 록 제17-269호　　　　　　　　　**지은이** 타임 적성검사연구소
판 권 시스컴2020

ISBN 979-11-6215-513-4 13320
정 가 10,000원

주소 서울시 양천구 목동동로 233-1, 1007호(목동, 드림타워)　|　**홈페이지** www.siscom.co.kr
E-mail master@siscom.co.kr　|　**전화** 02)866-9311　|　Fax 02)866-9312

취업과정에 적성검사가 도입된 지도 제법 많은 시간이 흘렀습니다. 그 동안 적성검사에도 많은 부침이 있어서, 일부 기업은 폐지하기도 하고 일부 기업은 유형을 변경하기도 하였습니다. 쟁쟁한 대기업들이 적성검사 유형을 대폭 변경하면서 다른 기업들에도 그 여파가 미칠 것으로 여겨지고 있습니다.

적성검사는 창의력 · 상황대처능력 · 문제해결능력 등 업무수행에 필요한 능력을 측정하기 위해 실시되며, 기업별 인재상에 따라 여러 유형으로 치러집니다. 여기에 일부 기업들이 주기적으로 문제유형을 변경함으로써 수험생들의 혼란을 가중시키고 있습니다.

본서에서는 각 기업에서 공식적으로 발표한 문제유형을 기반으로 삼았으며, 실제로 적성검사를 치른 응시생들의 후기를 충실히 반영하여 올해 치러질 실제 적성검사에 가장 근접한 문제를 제공하고자 하였습니다.

본서가 취업준비생들의 성공적인 취업에 조금이나마 보탬이 되었으면 하는 바입니다.

타임 적성검사연구소

타임테이블 및 영역별 안내

DAY	PART	CHECK BOX complete	CHECK BOX incomplete	TIME
1DAY	언어이해	☺	☹	시간 분
2DAY	문제해결	☺	☹	시간 분
	자료해석			시간 분
3DAY	언어논리	☺	☹	시간 분
	수리공간			시간 분

1DAY

언어이해

지원자의 독해력과 논리적 사고력을 평가하기 위한 영역이다. 내용 일치 · 불일치, 주제 · 제목 찾기, 추론하기 등 다양한 유형의 독해 문제가 출제된다.

2DAY

문제해결

직장 내에서 업무를 수행할 때 발생하는 여러 가지 상황에서의 문제 해결력을 평가하기 위한 영역이다. 특정 상황이 자료로 주어지며, 지하철 경로 계산이나 계기판 문항 등 다양한 유형의 문제가 출제된다.

자료해석

도표, 그래프 등의 자료에 대한 해석력과 이해력을 평가하기 위한 영역이다. 자료 분석과 자료에 제시된 공식 등을 활용하여 일정한 값을 도출하는 계산유형 등의 문제가 출제된다.

3DAY

언어논리

주어진 조건의 논리성과 연관관계를 파악하는 추론능력을 평가하기 위한 영역이다. 제시된 문장의 참·거짓을 판별하고 문제에서 요구하는 답을 구하는 유형의 문제가 출제된다. 낱말 간의 대응관계를 제시하고 빈칸에 들어갈 낱말을 추론하는 유형의 문제 또한 출제된다.

수리공간

기초 수리 능력과 공간지각력을 평가하기 위한 영역이다. 시간/속도/거리, 소금물, 일차방정식, 확률 등과 같은 기초 수리 능력을 평가할 수 있는 문제가 출제된다. 접었던 종이를 펀칭하여 구멍이 뚫리는 위치를 추론, 블록을 결합하여 만들 수 있는 형태의 도형을 찾는 등의 문제 또한 출제된다.

구성과 특징

기출유형분석

주요 기출문제의 유형을 분석하여 이에 가장 가까운 문제를 상세한 해설과 함께 수록하였다.

---

1. 독해(1)

기출유형분석

⏱ 문제풀이 시간 : 40초

▶ 다음 글을 읽고 주제로 알맞은 것을 고르시오.

인간의 몸은 이원론적 세계관이 지배적이었던 서구 역사에서 오랫동안 정신에 종속된 하위의 존재로 홀대당해 왔다. 특히 계획과 합리적 행위를 우선시하는 산업 사회로의 발전 과정에서 인간은 자신의 몸을 훈육하도록 교육받았으며 자연히 육체의 욕구는 더욱 평하되고 억압되었다. 그러나 현대로 오면서 몸은 새롭게 평가되기 시작했다.

기존 가치들의 전복을 꾀한 니체의 철학은 몸에 대한 새로운 이해를 하도록 이끌었다. 니체는 기존의 플라톤적 육체관을 비판하면서 몸을 철학의 중심 테마로 끌어올렸다. 즉 인간의 본질적 가치를 이성이나 영혼(정신)으로 파악했던 기존의 사고에 반대하여 몸을 인간 존재의 가장 중요한 부분으로 파악했다.

그동안 음악이나 미술과 달리 춤은 오랫동안 독립된 예술 장르로 인정받지 못했는데 이는 춤의 표현 수단이었던 몸에 대한 부정적 인식에 기인한 결과였다. 이제 춤은 몸에 대한 새로운 자각과 더불어 이성의 언어를 대치할 예술의 중심 장르로 격상되었다. 육

문제풀이 시간 표시

각 문제유형에 따라 총 문항수와 총 문제풀이 시간, 문항당 문제풀이 시간을 제시하였다.

음에 대한 알맞은 답을 고르시오.

총 문항 수 : 12문항 | 총 문제풀이 시간 : 6분 | 문항당 문제풀이 시간 : 30초

친 부분에 들어갈 문장으로 알맞은 것을 고르면?

어지면 내일 비가 올 것이다.
으면 별똥별이 떨어진다.

중요문제 표시

기출유형에 근접한 문제마다
표시하여 중요문제를 쉽게
파악할 수 있게 하였다.

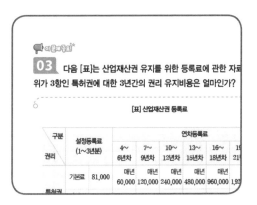

타임테이블 & 채점결과

각 문제유형을 모두 풀었을
때 걸리는 시간 및 채점결과
를 수험생 스스로 점검할 수
있도록 하였다.

차 례

기업소개

1 롯데그룹 소개

1. 롯데의 미션

"사랑과 신뢰를 받는 제품과 서비스를 제공하여
인류의 풍요로운 삶에 기여한다."

"We enrich people's lives by providing superior products and
services that our customers love and trust."

2. 롯데의 핵심가치

Beyond Customer Expectation
우리는 고객의 요구를 충족하는데 머무르지 않고, 고객의 기대를 뛰어넘는 가치
를 창출해낸다.

Challenge
우리는 업무의 본질에 집중하며 끊임없는 도전을 통해 더 높은 수준의 목표를 달
성해 나간다.

Respect
우리는 다양한 의견을 존중하며 소통하고, 원칙을 준수함으로써 신뢰에 기반한
공동체를 지향한다.

> Originality
> 우리는 변화에 민첩하게 대응하고, 경계를 뛰어넘는 협업과 틀을 깨는 혁신을 통해 쉽게 모방할 수 없는 독창성을 만든다.

② 인재상

1. 실패를 두려워하지 않는 젊은이

실패에 두려워하지 않고, 성공을 위해 도전하는 패기와 투지를 가진 젊은이를 초대합니다.

창조적 실패는 젊음의 특권입니다. 실패가 두려워 도전하지 않는 안정보다는 실패에서도 성공의 가능성을 찾을 수 있는 능동적이고 적극적인 도전정신을 보다 가치 있게 여기고 있습니다.

2. 실력을 키우기 위해 끊임없이 노력하는 젊은이

젊음의 무모함이 아닌 진정한 실력으로 성공을 쟁취하기 위해 지식과 능력을 단련시키는 젊은이를 초대합니다. 끊임없이 노력하고 준비하는 사람에게 이길 수 있는 이는 없습니다.

언제나 자신의 발전과 조직의 발전을 위해 끊임없이 노력하는 젊은이를 롯데는 기다립니다.

3. 협력과 상생을 아는 젊은이

진정한 실력자는 협력하고 양보할 줄 아는 미덕을 가져야 합니다. 함께 사는 사람들과 사회에 대한 감사한 마음이 모여 이 사회를 따뜻하게 만들 수 있다고 생각합니다. 각자의 능력과 실력을 키우는 일도 개인과 기업이 해야 할 일이지만 사회적 존재로서 자신의 역할을 이해하는 젊은이를 롯데는 기다립니다. 젊고 원대한 여러분의 꿈을 롯데에 투자하십시오. 끊임없이 전진하고 성장하는 롯데가 당신의 아름다운 미래를 만들어가겠습니다.

❸ 인사제도

1. 이동/배치

이동은 각자의 능력과 적성, 발전 가능성을 고려하여 적재적소에 배치함을 원칙으로 하고 있습니다. 그리고 직무 순환제도를 실시, 경력개발을 통해 Generalist로 육성하고 있으며, 직무의 전문성을 개발하여 Specialist로 육성하는 종합적 경력개발제도(CDP)를 운영하고 있습니다. 또한 신규 사업 추진이나 그룹 내부에 인력 소요가 발생할 경우 우선적으로 그룹 내부 인력을 충원하는 시스템을 통해 직원들이 그룹사 간에 원활히 이동할 수 있습니다.

2. 평가제도

직원들에 대한 평가는 년 1~2회에 걸쳐 실시되며, 평가 결과는 이동/배치, 승진, 보상, 교육 등에 반영되고 있습니다. 공정한 평가를 통해 성과 및 보상을 공정하게 배분하고, 목표를 합리적으로 관리함으로써, 조직의 경쟁력을 극대화합니다. 우수한 인력에 대해서는 그에 상응하는 보상으로 직원에게 동기를 부여합니다. 이는 회사의 비전과 목표달성에 큰 도움을 주고, 우수인재 확보 및 직원들의 성장 기회 제공에 이바지합니다.

4 채용 절차

서류 전형 → L-TAB → 면접전형 → 최종합격자 발표

① 서류전형

롯데가 추구하는 인재상에 적합한 지원자를 선발하기 위한 기본적 자질 및 가치관을 다양한 측면에서 심사, 입사지원서의 기재사항에 대한 사실 여부 확인

② L-TAB (롯데그룹 조직 · 직무적합도 진단)

지원자의 기본적인 조직적응 및 직무적합성을 평가하기 위한 기초능력 검사

③ **면접전형**

지원자의 역량, 가치관 및 발전 가능성을 종합적으로 심사

다양한 방식의 One-Stop면접시행(실무면접, 임원면접 1일 통합면접)

지원 직무에 따른 별도 면접 전형 방식이 추가될 수 있음

④ **최종합격자 발표**

롯데그룹 채용홈페이지를 통한 결과 확인 : 개별 유선 통화 및 E-Mail

과 SMS를 통한 결과 안내 발송

직무적성검사 안내

L-TAB 롯데그룹 조직 · 직무적합도 진단

서류 전형 합격자를 대상으로 지원한 직무에 대하여 성공적인 업무수행능력과 직무적합여부를 판별하기 위한 검사라고 할 수 있습니다. 지원자의 계열에 따라 인문계(공통)와 이공계(비공통)으로 나뉘어서 진행됩니다. 언어이해, 문제해결, 자료해석, 언어논리, 수리공간 등의 직무적합 검사를 실시하게 됩니다.

진단영역		문항 수	진단시간
직무적합 진단	언어이해	35	25분
	문제해결	30	30분
	자료해석	35	35분
	언어논리 / 수리공간	35 / 35	35분 / 35분
휴식 시간			20분
조직적합진단		265	30분

*본서에 수록된 영역 및 문제들은 추후 변경 가능성이 있으며, 계열사에 따라 상이할 수 있으니 롯데그룹 채용 홈페이지를 반드시 확인하시기 바랍니다.

1DAY

언어이해

언어이해

1. 독해(1)

문제풀이 시간 : 40초

▶ 다음 글을 읽고 주제로 알맞은 것을 고르시오.

인간의 몸은 이원론적 세계관이 지배적이었던 서구 역사에서 오랫동안 정신에 종속된 하위의 존재로 홀대당해 왔다. 특히 계획과 합리적 행위를 우선시하는 산업 사회로의 발전 과정에서 인간은 자신의 몸을 훈육하도록 교육받았으며 자연히 육체의 욕구는 더욱 폄하되고 억압되었다. 그러나 현대로 오면서 몸은 새롭게 평가되기 시작했다.

기존 가치들의 전복을 꾀한 니체의 철학은 몸에 대한 새로운 이해를 하도록 이끌었다. 니체는 기존의 플라톤적 육체관을 비판하면서 몸을 철학의 중심 테마로 끌어올렸다. 즉 인간의 본질적 가치를 이성이나 영혼(정신)으로 파악했던 기존의 사고에 반대하여 몸을 인간 존재의 가장 중요한 부분으로 파악했다.

그동안 음악이나 미술과 달리 춤은 오랫동안 독립된 예술 장르로 인정받지 못했는데 이는 춤의 표현 수단이었던 몸에 대한 부정적 인식에 기인한 결과였다. 이제 춤은 몸에 대한 새로운 자각과 더불어 이성의 언어를 대치할 예술의 중심 장르로 격상되었다. 육체의 자유로운 표현으로서의 춤, 이성적 언어의 중개를 거치지 않는 직접적인 표현으로서의 춤은 현대 문명으로 인한 소외와 억압의 사슬을 끊고 자연성을 회복할 수 있는 매체로 새롭게 주목받게 된 것이다.

① 거대한 플라톤의 담론에서 파생된 여러 작은 담론들
② 몸과 춤을 주체적인 것으로 바라보려는 시각의 부상
③ 몸에 관한 관점을 단순한 사회 현상으로 치부하는 이론
④ 이성을 중시하는 이론과 몸을 중시하는 이론의 절충과 종합

 정답해설 인간의 몸은 정신에 종속된 하위 존재로 홀대를 받았지만 몸에 대한 새로운 자각과 더불어 춤도 예술의 중심 장르로 격상되었다고 했으므로 주제는 '몸과 춤을 주체적인 것으로 바라보려는 시

각의 부상'이 적절하다.

 핵심정리 가장 많이 등장하는 단어와 단서가 무엇인지 눈여겨보고 글의 내용과 어떤 상관관계를 맺고 있는지를 생각하면 주제(중심 내용)를 더욱 쉽게 찾을 수 있다.

정답 ②

[01~15] 다음 글을 읽고 주제로 알맞은 것을 고르시오.

총 문항 수 : 15문항 | 총 문제풀이 시간 : 10분 | 문항당 문제풀이 시간 : 40초

01

서로 공유하고 있는 이익의 영역이 확대되면 적국을 뚜렷이 가려내기가 어려워진다. 고도로 상호 작용하는 세계에서 한 국가의 적국은 동시에 그 국가의 협력국이 되기도 한다. 한 예로 소련 정부는 미국을 적국으로 다루는 데 있어서 양면성을 보였다. 그 이유는 소련이 미국을 무역 협력국이자 첨단 기술의 원천으로 필요로 했기 때문이다.

만일 중복되는 국가의 이익의 영역이 계속 증가하게 되면 결국에 한 국가의 이익과 다른 국가의 이익이 같아질까? 그건 아니다. 고도로 상호 작용하는 세계에서 이익과 이익의 충돌은 사라지는 것이 아니다. 단시 수정되고 변형될 뿐이다. 이익이 자연스럽게 조화되는 일은 상호 의존과 진보된 기술로부터 나오지는 않을 것이다. 유토피아란 상호 작용 또는 기술 연속체를 한없이 따라가더라도 발견되는 것은 아니다. 공유된 이익의 영역이 확장될 수는 있겠지만, 가치와 우선순위의 차이와 중요한 상황적 차이 때문에 이익 갈등은 계속 존재하게 될 것이다.

① 주요 국가들 간의 상호 의존적 국가 이익은 미래에 빠른 속도로 증가할 것이다.
② 국가 간에 공유된 이익의 확장은 이익 갈등을 변화시키기는 하지만 완전히 소멸시키지는 못한다.
③ 국가 이익은 기술적 진보의 차이와 상호 작용의 한계를 고려할 때 궁극적으로는 실현 불가능할 것이다.
④ 세계 경제가 발전해 가면서 더 많은 상호 작용이 이루어지고 기술이 발전함에

따라 국가 이익들은 자연스럽게 조화된다.

 제시문은 국가 간 상호 작용 과정에서 서로 공유하는 이익이 증가하면 각 국가의 이익이 함께 증가할 것인가에 관한 문제 제기와 그에 따른 필자의 주장을 제시한 글이다. 제시문에서는 '중복되는 국가 이익의 영역이 계속 증가하더라도 고도로 상호 작용하는 세계에서 이익 갈등은 사라지는 것이 아니라 단지 수정되고 변형될 뿐이다.'라고 언급하고 있다. 따라서 글의 주제문으로 적절한 것은 ②이다.

02

자연의 생명체가 보여 주는 행동이나 구조, 그들이 만들어내는 물질 등을 연구해 모방함으로써 인간 생활에 적용하려는 기술이 생체모방이다. 그러나 '생체모방'은 나노기술의 발전과 극소량의 물질을 대량으로 생산해내는 유전공학 등 관련 분야의 발달로 '생체모방 공학'이라고 부를 수 있게 되었다.

홍합이 바위에 자신의 몸을 붙이는 데 사용하는 생체물질인 '교원질 섬유 조직'은 물에 젖어도 떨어지지 않는 첨단 접착제로 주목받고 있으며, 거미불가사리의 몸통과 팔을 연결하는 부위에 부착된 방해석이라는 수정체는 인간의 기술로 개발된 어떠한 렌즈보다도 작으면서 정확하게 초점을 맞추는 기능을 가진 것으로 알려졌다.

35억 년 역사를 가진 지구에는 서로 다른 특징과 능력을 지닌 수백만 종의 동식물이 살고 있다. 하지만 이들의 능력이 밝혀진 것은 아주 미미하며, 우리가 알지 못하는 놀라운 능력을 가진 동식물이 어딘가에 존재하고 있을 것이다. 그래서 모든 생명체가 간직한 비밀의 열쇠를 찾아 인간 생활에 적용함으로써, 자연과 기술을 조화롭게 응용하여 인간을 이롭게 하자는 것이 생체모방 공학의 목적이다. 이제 과학은 다시 자연으로 돌아가 자연을 배우고자 한다. 자연을 배우고, 자연을 모방한 과학이야말로 진정한 인간을 위한 과학이 아닌가 생각한다.

① 생명체의 놀라운 능력　　　　② 생체모방 공학의 특징
③ 생체모방 공학의 한계　　　　④ 생체모방 공학의 목적과 방향

정답해설 제시문에서는 '생체모방'에 대해 정의하고, 놀라운 생명체의 능력과 그 비밀을 연구하여 인간 생활에 적용하여 인간을 이롭게 하고자 하는 생체모방 공학의 목적을 밝히고 있다. 또 이러한 목적을 달성하기 위해 '자연으로 돌아가 자연을 배우고자 한다.'라는 생체모방 공학의 방향을 제시하고 있다.

03

남녀 간에 성차가 존재한다고 보는 이들은 그 원인을 환경적 요인이나 유전적 요인으로 설명한다. 먼저 유전적 설명에서는 남녀가 몇 가지 특성에서 차이를 보이는 것은 유전적인 요인 때문이라고 주장한다. 반면에 환경적 설명에서는 성차가 사회적 · 교육적 환경 때문에 생긴다고 주장하면서 유전적인 설명 자체에 강하게 반발한다. 그러나 적어도 평등의 문제와 관련해서는 성차에 대한 유전적 설명이 옳은가, 환경적 설명이 옳은가를 따지는 것은 중요하지 않다. 그 대신 이런 설명들이 평등이라는 이상에 대하여 어떤 의미를 가지고 있느냐가 중요한 문제이다. 만약 유전적 설명이 그른 것으로 드러난다면 성차에 근거한 차별은 부당하다고 볼 수 있다. 반면에 유전적 설명이 옳다고 하더라도 이것이 남녀 간의 차별을 옹호하고 평등의 원칙을 거부하는 근거라고 단정할 수는 없다. 물론 유전적 설명이 옳다고 가정한다고 해서 그것이 사실이라고 믿는 것은 아니다. 유전적 설명이 차별을 정당화한다는 이유로 그 시도 자체에 반대할 경우, 뜻밖에도 유전적 증거들이 확인된다면 아주 당황하게 될 것이다. 그래서 유전적 설명이 옳다고 가정해서 그 의미를 검토해 보는 것이다. 성차의 원인이 무엇이든 간에 차이는 오직 평균적으로 존재할 뿐이다. 남성의 공간 지각 능력의 우월성을 설명하기 위해 제시된 유전적 가설까지도 여성의 4분의 1이 남성의 절반보다 공간 지각 능력이 더 뛰어날 것이라고 설명하고 있다. 실제로 주변에서 남성보다 공간 지각 능력이 뛰어난 여성을 쉽게 찾아볼 수 있다. 그러므로 유전적 설명이 맞든 안 맞든 간에, '너는 여자니까 혹은 너는 남자니까 이 일을 잘 할 수 없다'라는 단정을 해서는 안 된다. 우리가 사람들을 제대로 이해하기 위해서는 그들을 '남성'이나 '여성'이라고 한 덩어리로 뭉뚱그려서는 안 된다. 우리는 그들 각각을 하나의 개별체로 보고 접근해야 한다. 성차가 유전적으로 존재한다는 과학적인 근거가 입증된다고 해도 그렇다. 하물며 단순히 편견에 의존해서 집단 간에 차이를 부여하는 경우는 더 말할 나위가 없다.

① 성별에 따른 차이의 존재 유무 ② 성별에 따른 차이의 원인
③ 성별에 따른 차별의 과학적 근거 ④ 성별에 따른 차별의 금지

정답
해설
제시문에서 필자는 성별에 따른 차이가 유전적으로 존재한다는 과학적인 근거가 입증된다고 해도 그것이 남녀 간의 차별을 옹호하고 평등의 원칙을 거부하는 근거라고 단정할 수는 없으며, 사람 각각을 하나의 개별체로 보고 접근해야 한다고 주장하고 있다.

🔊 이문제중요! ★
04

1948년에 제정된 대한민국 헌법은 공동체의 정치적 문제는 기본적으로 국민의 의사에 의해 결정된다는 점을 구체적인 조문으로 명시하고 있다. 그러나 이러한 공화제적 원리는 1948년에 이르러 갑작스럽게 등장한 것이 아니다. 이미 19세기 후반부터 한반도에서는 이와 같은 원리가 공공 영역의 담론 및 정치적 실천 차원에서 표명되고 있었다.

공화제적 원리는 1885년부터 발행되기 시작한 근대적 신문인 『한성주보』에서도 어느 정도 언급된 바 있지만 특히 1898년에 출현한 만민공동회에서 그 내용이 명확하게 드러난다. 독립협회를 중심으로 촉발되었던 만민공동회는 민회를 통해 공론을 형성하고 이를 국정에 반영하고자 했던 완전히 새로운 형태의 정치운동이었다. 이것은 전통적인 집단상소나 민란과는 전혀 달랐다. 이 민회는 자치에 대한 국민의 자각을 기반으로 공동생활의 문제들을 협의하고 함께 행동해나가려 하였다. 이것은 자신들이 속한 정치공동체에 대한 소속감과 연대감을 갖지 않고서는 불가능한 현상이었다. 즉 만민공동회는 국민이 스스로 정치적 주체가 되고자 했던 시도였다. 전제적인 정부가 법을 통해 제한하려고 했던 정치참여를 국민들이 스스로 쟁취하여 정치체제를 변화시키고자 하였던 것이다.

19세기 후반부터 한반도에 공화제적 원리가 표명되고 있었다는 사례는 이뿐만이 아니다. 당시 독립협회가 정부와 함께 개최한 관민공동회에서 발표한 『헌의6조』를 살펴보면 제3조에 "예산과 결산은 국민에게 공표할 일"이라고 명시하고 있는 것을 확인할 수 있다. 이것은 오늘날의 재정운용의 기본원칙으로 여겨지는 예산공개의 원칙과 정확하게 일치하는 것으로 국민과 함께 협의하여 정치를 하여야 한다는 공화주의 원리를 보여주고 있다.

① 만민공동회는 전제 정부의 법적 제한에 맞서 국민의 정치 참여를 쟁취하고자 했다.

② 한반도에서 공화제적 원리는 이미 19세기 후반부터 담론 및 실천의 차원에서 표명되고 있었다.

③ 한반도에서 예산공개의 원칙은 19세기 후반 관민공동회에서 처음으로 표명되었다.

④ 예산과 결산이라는 용어는 관민공동회가 열렸던 19세기 후반에 이미 소개되어 있었다.

정답 해설 글의 첫째 단락에서 '그러나 이러한 공화제적 원리는 1948년에 이르러 갑작스럽게 등장한 것이 아니다. 이미 19세기 후반부터 한반도에서는 이와 같은 원리가 공공 영역의 담론 및 정치적 실천 차원에서 표명되고 있었다.'라고 하였다. 그리고 다음 단락에서 언급되는 한성주보와 만민공동회, 관민공동회는 모두 이러한 공화제 원리를 표명한 사례에 해당하는 내용이다. 따라서 글의 핵심 내용으로 가장 적절한 것은 ②이다.

05

우리는 비극을 즐긴다. 비극적인 희곡과 소설을 즐기고, 비극적인 그림과 영화 그리고 비극적인 음악과 유행가도 즐긴다. 슬픔, 애절, 우수의 심연에 빠질 것을 알면서도 소포클레스의 「안티고네」, 셰익스피어의 「햄릿」을 찾고, 베토벤의 '운명', 차이코프스키의 '비창', 피카소의 '우는 연인'을 즐긴다. 이를 동정과 측은과 충격에 의한 '카타르시스', 즉 마음의 세척으로 설명한 아리스토텔레스의 주장은 유명하다. 그것은 마치 눈물로 스스로의 불안, 고민, 고통을 씻어내는 역할을 한다는 것이다.

니체는 좀 더 심각한 견해를 갖는다. 그는 "비극은 언제나 삶에 아주 긴요한 기능을 가지고 있다. 비극은 사람들에게 그들을 싸고도는 생명 파멸의 비운을 똑바로 인식해야 할 부담을 덜어주고, 동시에 비극 자체의 암울하고 음침한 원류에서 벗어나게 해서 그들의 삶의 흥취를 다시 돋우어 준다."라고 하였다. 그런 비운을 직접 전면적으로 목격하는 일, 또 더구나 스스로 직접 그것을 겪는 일이라는 것은 너무나 끔찍한 일이기에, 그것을 간접경험으로 희석한 비극을 봄으로써 '비운'이란 그런 것이라는 이해와 측은지심을 갖게 되고, 동시에 실제 비극이 아닌 그 가상적인 환영(幻影) 속에서 비극에 대한 어떤 안도감도 맛보게 된다.

① 비극을 즐기는 이유　　　② 비극의 현대적 의의
③ 비극의 기원과 역사　　　④ 비극의 종류와 특징

 제시된 글은 첫 번째 단락에서는 아리스토텔레스의 주장을 예로 들어 '비극의 효용'에 대해서 말하고
있으며 두 번째 단락에서는 니체의 견해를 예로 들어 '비극의 기능'에 대해서 말하고 있다. 두 난락의
내용을 종합했을 때, 이 글의 주제로 가장 적합한 것은 '비극을 즐기는 이유'이다.

06

상업성에 치중한다는 이미지를 극복하기 위해 자사 브랜드를 의도적으로 노출하지 않
는 '노 브랜드 콜라보레이션'이 도입되고 있다. 그 사례로 한 기업이 특정 예술 작품을 모
티프로 한 기획전을 콜라보레이션 형태로 진행하되, 일반인은 기획전을 관람하면서도 직
접적으로 해당 기업의 존재를 알아차리지 못했던 경우를 들 수 있다. 이는 소비자들의 브
랜드에 대한 긍정적인 인식이 반드시 구매라는 시장 반응으로 연결되지는 않는다는 한계
를 소비자들의 감성에 호소하는 방법을 통해 극복하기 위한 하나의 대안이기도 하다.

① 콜라보레이션의 다양한 유형
② 콜라보레이션의 개념과 기원
③ 노 브랜드 콜라보레이션의 특징과 한계
④ 노 브랜드 콜라보레이션의 도입과 그 이유

 상업성에 치중한다는 이미지를 극복하기 위해 '노 브랜드 콜라보레이션'이 도입되었음을 밝히고 있다.

 콜라보레이션(Collaboration)
'모두 일하는' 혹은 '협력하는 것'을 의미하며, 공동 출연, 경연, 합작, 공동 작업을 뜻한다. 르네상
스 시기의 이탈리아 피렌체의 메디치 가(家)와 밀라노의 스포르차 가(家) 등 당대 명문가들이 라
파엘로, 레오나르도 다빈치, 미켈란젤로와 같은 예술가들을 후원함으로써 그들의 재능을 꽃피우
게 한 데서 유래되었다.

07

대체로 자신이 새롭게 개발한 것에 대해 특허권을 주장하는 행위는 널리 받아들여진다. 그렇다면 유전자에 대해 특허를 부여한다는 것은 유전자가 인간의 '발명품'이라는 말인가?

현재의 특허법을 보면, 생명체나 생명체의 일부분이라도 그것이 인위적으로 분리·확인된 것이라면 발명으로 간주하고 있다. 따라서 유전자도 자연으로부터 분리·정제되어 이용 가능한 상태가 된다면 화학물질이나 미생물과 마찬가지로 특허의 대상으로 인정된다.

그러나 유전자 특허 반대론자들은 자연 상태의 생명체나 그 일부분이 특허에 의해 독점될 수 있다는 발상 자체가 터무니없다고 지적한다. 수만 년 동안의 인류 진화 역사를 통해 형성되어 온 유전자를 실험실에서 분리하고 그 기능을 확인했다는 이유만으로 독점적 소유권을 인정하는 일은, 마치 한 마을에서 수십 년 동안 함께 사용해 온 우물의 독특한 성분을 확인했다는 이유로 특정한 개인에게 우물의 독점권을 준다는 논리만큼 부당하다는 것이다.

이러한 주장은 그럴 듯한 반론처럼 들리기는 하지만 유전자의 특허권을 포기하게 할만큼 결정적이지는 못하다. 사실 우물의 비유는 적절하지 않다. 왜냐하면 어떤 사람이 우물의 특성을 확인했다고 해서 그 사람만 우물물을 마시게 한다면 부당한 처사겠지만, 우물물의 특정한 효능을 확인해서 다른 용도로 가공한다면 그런 수고의 대가는 정당하기 때문이다. 유전자 특허권의 경우는 바로 후자에 해당된다. 또한 특허권의 효력은 무한히 지속되지 않고 출원일로부터 20년을 넘지 못하도록 되어 있어 영구적 독점은 아니다.

① 유전자 특허의 사회적·경제적 의미에 대해 상반된 견해들이 대립하고 있다.
② 유전자 특허를 반대하기 위해서는 보다 결정적인 반론을 제기해야 한다.
③ 유전자는 특정한 기법에 의해 분리되고 그 기능이 확인된 경우 특허의 대상이 될 수 있다.
④ 유전자가 생명체의 일부분임을 고려할 때 특허를 허용하더라도 영구적 독점의 방식이어서는 안 된다.

정답해설 현행 특허법에서 생명체나 생명체의 부분이라도 인위적으로 분리·정제되어 이용 가능한 상태가 되면 특허의 대상으로 인정된다고 하였으므로, 유전자도 자연으로부터 분리·정제되어 이용 가능한 상태가 된다면 특허의 대상으로 인정된다는 것이 제시문의 중심 내용이다.

08

신분 상승은 문화를 통해서만 이루어진다. 그런데 문화는 오랜 시간의 학습을 통해서만 형성된다. 일례로 어릴 때부터 미술과 음악을 가까이 했던 사람만이 어른이 되어서도 미술과 음악을 즐길 수 있다. 현대사회에서 음악이나 미술은 더 이상 가난한 천재의 고통스러운 수고를 통해 얻어진 결실이 아니다. 그것은 이제 계급적인 사치재가 되었다. 불평등은 경제 분야에만 있는 것이 아니라, 오히려 문화 분야에서 더욱 두드러진다. 재벌 총수나 거리의 미화원이 똑같은 스테이크와 똑같은 김치찌개를 먹을 수는 있지만, 베르디의 음악을 즐기는 상류층의 취향을 하류층은 이해할 수 없다. 경제와 마찬가지로 문화에서도 사람들은 표면적으로는 평등하지만 실제적으로는 사회적 상황과 교육수준에 따라 천차만별이다. 결국 문화적 고귀함은 일부 계층에게만 존재한다. 그러므로 진정 사회적 평등을 이루고 싶다면 문화를 저변에 보급하는 교육에 관심을 기울여야 한다.

① 음악과 미술은 신분을 나타내는 중요한 요소이다.
② 사회적 평등을 위해서는 상류층의 취향을 가르치는 교육이 필요하다.
③ 진정한 사회적 평등을 이루려면 문화에 대한 저변 확대가 이루어져야 한다.
④ 어렸을 때부터 음악과 미술을 가까이 하는 문화 조기교육에 관심을 기울여야한다.

정답해설 제시문은 불평등이 경제적인 측면에서만이 아니라 문화적인 면에서도 존재하며, 특히 문화적인 면에서의 불평등은 쉽게 해결될 수 없다는 점에서 참된 사회적 평등을 이루기 위해서는 문화를 저변에 확대하는 교육이 필요하다고 주장한다. 필자의 궁극적인 주장은 마지막 문장에 잘 드러나 있다.

09

정보화 시대에는 천문학적 양의 정보가 생산되고 저장된다. 더구나 이러한 정보의 파장 효과는 이제 우리 삶의 대응 속도와 예측 능력을 엄청난 격차로 추월해 버렸다. 급격한 변동 속에 위험을 제어할 수 없는 상황에 빠져들면서 사람들의 불안감은 증폭되는 것이다. 또한 정보화가 진행될수록 우리가 삶에서 느끼는 허무감은 점점 짙어지고 있다. 정보를 광속으로 유통시키는 정보통신 기술의 시장 침입으로 시장은 상상할 수 없을 정도로 빠르게 변하고 있다. 이 변화의 물결은 전 삶의 영역이 시장화 되는 과정으로 나타나고 있다. 그

결과 존재하는 모든 것은 상품으로서만 가치를 지니며, 그 가치는 팔릴 때만 결정된다.

　이러한 환경에서 존재자의 가치, 존재와 삶의 본질은 불필요하다. 전지구적으로 급변하는 시장 환경에 처한 삶이 근거할 수 있는 진리를 찾는 것은 허망하고 비효율적인 행위다. 그것은 변화에 순발력 있게 대응해야만 존재할 수 있는 현실의 구조를 외면하는 도태과정일 뿐이다. 이제 가치는 없고 가격만이 있을 뿐이다. 또 진리는 없고 순간적으로 검색 가능한 정보만 있을 뿐이다. 이처럼 오늘날 삶의 의미와 방향이 사회적 담론의 주체로서 가치를 상실했다면, 그리하여 결국 삶이 어떠한 진리와 근원에 대해서도 사색하지 않는 허무주의로 방치되고 있다면, 삶의 심연에 드리워진 원초적 허무의 불안은 방향 상실의 좌절 속에서 더욱 더 짙어지고 그 고통의 비명은 한층 더 증폭될 수밖에 없을 것이다.

① 정보화 시대에는 존재하는 모든 것이 상품으로서의 가치를 지닌다.

② 인간은 원초적인 불안으로부터 탈출하고자 노력하는 존재이다.

③ 인간의 불안감의 원천은 본질적 가치의 상품화에 따른 삶의 방향 상실에 있다.

④ 급격한 정보통신의 발전은 인간 존재의 우울을 마비시킬 수 있는 구원의 기술이다.

> **정답해설** 제시문에서는 정보화 시대의 특징 중 하나인 '삶의 전 영역의 시장화'에 대해서 언급하고 있다. 정보통신 기술의 시장 침입으로 시장은 빠르게 변화하고 있으며, 존재하는 모든 것이 상품으로서의 가치를 지닌다. 이에 따라 인간 존재의 진리를 탐구하는 일은 허무하고 비효율적인 행위가 되었다. 정보화가 진행될수록 인간의 허무감이 짙어지고 불안감이 증폭되는 이유가 바로 여기에 있다.

10

　겸형 적혈구 빈혈증이라는 유전병은 산소를 운반하는 헤모글로빈 단백질 유전자의 조그만한 변이에서 초래된다. 겸형 적혈구 빈혈증 환자의 적혈구는 산소가 부족할 때 변형되어 서로 엉겨 붙게 됨으로써 염증 반응이나 조직 손상을 유발한다.

　말라리아가 풍토병인 적도 부근의 아프리카에서는 겸형 적혈구 빈혈증 환자가 매우 흔하다. 최근 과학자들은 겸형 적혈구를 가진 환자가 혈액 기생충 질환인 말라리아에 저항성을 보인다는 것을 알아내었다. 따라서, 이 지방의 겸형 적혈구 환자는 말라리아에 저항성을 보여 상대적으로 생존할 가능성이 높을 것이다.

① 말라리아가 아프리카에 미치는 영향
② 풍토병에 따른 유전자 변이
③ 겸형 적혈구 빈혈증의 치료약인 말라리아
④ 환경에 따른 유전자 변이의 득과 실

 첫 번째 문단은 유전자가 변이된 겸형 적혈구 빈혈증이란 병의 해로움을, 두 번째 문단은 그 이로움을
설명하고 있다.

11

경덕왕(景德王) 시절에 백월산(白月山) 동쪽 선천(仙川)마을에 달달박박과 노힐부득이
라는 청년이 살았다. 그들은 세상사에 관심이 없어 불교에 귀의하여 인근사찰로 들어가 불
도를 닦기 시작하였다.

어느 날 밤 이 두 승려는 서쪽에서 찬란한 빛이 자기를 비추었고, 빛 속에서는 금빛 나
는 팔이 뻗쳐오면서 머리를 쓰다듬는 꿈을 꾸었다. 이것이 더욱 정진하라는 부처님의 계시
임을 깨달은 두 승려는 득도의 삶이 가까운 것을 알고 산골 깊은 골짜기로 수도처를 옮겨
용맹정진하였다.

그러던 어느 날 아름다운 낭자가 갑자기 찾아와, 밤이 되어 갈 곳이 없으니 자고 가기를
청했다. "길가다가 해가 지니 온 산은 어두워지는데 갈 길은 막히고 갈 곳은 멀어 막막합
니다. 오늘 밤 이 암자에서 자고 가고자 하오니 자비로운 스님이시여 노여워하지 마시오."

달달박박은 낭자의 요청을 거절하였다. 깊은 산 속에 여자 혼자 방황하게 하는 것은 안
타까운 일이지만 수도승이 계율을 어기는 것은 득도에 방해가 될 터였다. 달달박박은 수도
생활의 목적을 달성하기 위해서는 어찌할 수 없는 선택이라 생각하였다.

한편 노힐부득은 달달박박과는 달리 낭자의 요청을 받아들였다. 계율을 어기는 것은 득
도의 길을 늦게 할지도 모른다. 그러나 계율에 얽매여 사람을 돕는 일을 소홀히 한다면,
그것이 오히려 득도를 막는 일이라 생각하였기 때문이다.

－「삼국유사」－

① 원칙과 목적 달성은 동전의 양면 같은 불가분성이 있다.
② 목적 달성을 위해서는 원칙은 꼭 지켜져야 한다.
③ 원칙은 목적을 위한 하나의 수단이므로 경우에 따라 조정될 수 있다.
④ 목적과 수단은 별개로 나누어 생각할 수 없다.

정답해설 목적 달성과 원칙이라는 수단의 관계를 생각하고, 추구하고자 하는 바가 근본적으로 무엇인가를 파악한다.

12

이러한 의미에서 민족문화의 전통을 무시한다는 것은 지나친 자기학대(自己虐待)에서 나오는 편견에 지나지 않을 것이다. 따라서 첫머리에서 제기한 것과 같이 민족문화의 전통을 계승하자는 것이 국수주의(國粹主義)나 배타주의(排他主義)가 될 수는 없다. 오히려 왕성한 창조적 정신은 선진 문화 섭취에 인색하지 않을 것이다. 다만, 새로운 민족문화의 창조가 단순한 과거의 묵수(墨守)가 아닌 것과 마찬가지로 단순한 외래문화의 모방도 아닐 것임은 스스로 명백한 일이다. 외래문화도 새로운 문화의 창조에 이바지함으로써 뜻이 있는 것이고, 그러함으로써 비로소 민족문화의 전통을 더욱 빛낼 수가 있는 것이다.

① 외래문화 수용의 부당성   ② 외래문화 수용의 정당성
③ 민족문화 전통 계승의 의의   ④ 민족문화 전통 계승의 부당성

정답해설 주어진 제시문은 논설문 '민족문화의 전통과 계승'의 결론 부분이다. 전통에 대한 올바른 인식과 전통 계승의 의의에 대해서 이야기하고 있다.

13

1970년대는 1960년대부터 추진해 온 경제 개발이 본 궤도에 오르며, 우리나라가 근대 공업국으로서의 위치를 확고하게 다진 시대이다. 과학기술의 발달과 더불어 시작된 근대

화 · 산업화는 본래 물질적 풍요를 통해 인간 생활을 보다 윤택하고 편리하게 만들려는 의도 아래 추진되었다. 이로 인해 생산성이 높은 공업 발전이 정책의 중심이 되었고, 생산성이 낮은 분야는 희생을 강요받기에 이르렀다. 그래서 경제 발전과 소득 수준의 증대라는 긍정적 결과도 있었지만, 그에 못지않은 부정적 측면도 부각되었다. 이것이 지금까지도 사회 문제의 핵심을 이루고 있다.

① 산업화의 양면성
② 경제 개발과 자연환경 파괴
③ 도시 인구증가에 따른 농촌의 피폐화
④ 소득의 증대에 따른 농촌의 경제적 풍요

정답 해설 1970년대의 산업화 위주 정책이 가져온 부정적인 측면을 부각한 것이 제시문의 핵심이다.

📢 이문제중요! ⭐

14

집단적 이기주의는 이 사회에 너무나 만연되어 있어서 우리가 법의 지배를 받는 나라에 살고 있는지 아닌지 하는 의구심이 들게 한다. 그 어떤 사람도 자신의 이익을 채우려는 불법적이고 급진적인 거리 시위를 위해 교통을 막고 시민들의 생활에 불편을 일으키거나 시민들에게 해를 입힐 권리는 없다. 그러나 정당하고 엄격한 법의 집행은 부정적인 사회조류를 막는 것에만 그칠 수 있고 이것은 법을 묵묵히 따르는 시민 정신을 손상시킬 수 있다. 정부 당국이 그들의 정책을 대중에 투명하게 공개하고 대중의 지지를 얻어내야 하는 것은 말할 필요도 없다. 인정받지 않은 어떠한 집단적인 행동도 사회질서와 정의 확립을 위해 법에 근거해서 엄격하게 다루어져야 한다.

① 정의의 확립
② 집단 이기주의의 원인
③ 사회에 만연한 집단 이기주의
④ 법으로 엄격히 다루어야 할 집단 이기주의

집단 이기주의를 비판하며, 이러한 집단행동을 법으로 엄격하게 다루어야 한다고 주장하고 있다.

15

> 지난 20여 년 동안 급격히 발전해 온 뇌 영상 기술은 인간에게 뇌에 대한 풍부한 정보를 제공해 주었을 뿐만 아니라 뇌출혈, 뇌경색, 뇌종양 등 그간 속수무책이었던 질병의 치료를 가능하게 해 주었다. 또 인지과학이나 심리학의 영역에서는 최근의 뇌 영상 기술이 전통적인 방법보다 인간의 마음과 행동을 이해하는 좀 더 정확한 방법으로 인정되고 있다. 인간 행동에 대한 일반적인 담론이나 추측과 달리 뇌 과학 지식이 인간의 마음과 행동을 과학적이고 정확하게 설명한다는 인식이 확산되고 있다. 의료 분야의 성과가 인간에 관한 과학적 연구의 획기적인 발전에까지 영향을 미치고 있음을 알 수 있다.

① 뇌 영상 기술의 의의와 발전   ② 다양한 뇌 영상 기술의 등장

③ 뇌 영상 기술의 종류별 특징   ④ 뇌 영상 기술의 장단점

정답해설 최근 급격하게 발전한 뇌 영상 기술이 의료 분야에서 성과를 거두고 있으며, 인간의 마음을 설명하는 단계로까지 나아가고 있다고 설명하고 있다.

오답해설 ②, ③ 구체적인 뇌 영상 기술의 종류를 제시하고 있지 않다.

1DAY 2DAY 3DAY

소요시간		채점결과	
목표시간	10분	총 문항수	15문항
실제 소요시간	( )분 ( )초	맞은 문항 수	( )문항
초과시간	( )분 ( )초	틀린 문항 수	( )문항

2. 독해(2)

기출유형분석

⏰ 문제풀이 시간 : 40초

▶ 다음 글을 읽고 내용과 일치하는 것을 고르시오.

전 세계에서 쉽게 입고 버리는 이른바 '패스트 패션'이 갈수록 대중화 됨으로써 환경에 또 다른 부담으로 작용하고 있다고 케임브리지대 보고서가 밝혔다. 티셔츠와 스웨터 값이 어떤 경우 샌드위치보다 더 싸게 판매되면서 패스트 패션이 환경에 미치는 악영향이 패스트 푸드 못지않게 심각해지고 있다고 경고했다. 또한 미국의 유통체인들이 패스트 패션 매출을 높이는 데 큰 영향을 끼치며 환경에 더욱 부담을 주고 있어 제조업체와 유통회사, 그리고 소비자 모두 의류가 환경에 미치는 영향에 관심을 가져야 한다고 촉구했다.

보고서는 한 예로 면과 화학섬유 의류를 비교하면서 면이 화학섬유에 비해 생산 단계에서 원가가 덜 들지 모르나 이후 세탁이나 다리미질 등 관리비용까지 감안하면 장기적으로 면제품이 환경에 더 많은 부담을 준다는 점을 인식해야 한다고 강조했다.

이런 점에서 도서관에서 책을 빌려주고 반납 받듯이 옷도 리스한 후 제조사나 유통점에서 회수하는 방안이 대중화되는 것이 바람직하다고 보고서는 제안했다. 그러면서 값비싼 웨딩드레스나 턱시도가 이런 식으로 거래되는 경우가 다반사임을 상기시켰다.

① 패스트 패션이 패스트 푸드보다 더 환경에 부담을 주고 있다.
② 면이 화학섬유보다 더 환경에 부담을 준다.
③ 미국의 유통체인들이 패스트 패션 매출을 줄이고 있다.
④ 리스한 옷을 제조사나 유통점에서 회수할 계획이다.

 정답해설 ② 면이 화학섬유보다 더 환경에 부담을 준다는 것은 제시문과 일치한다.

 오답해설 ① 패스트 패션이 패스트 푸드보다 더 환경에 부담을 주고 있다는 것은 옳은지 그른지 알 수 없다. 어느 쪽이 더 환경에 부담을 준다는 내용은 예문에 없다.
③ 미국의 유통체인들이 패스트 패션 매출을 줄이고 있다는 것은 제시문과 일치하지 않는다. 미국의 유통체인들은 패스트 패션의 매출을 높이고 있다.
④ 리스한 옷을 제조사나 유통점에서 회수할 계획이라는 것은 옳은지 그른지 알 수 없다. 옷을 회수하는 것은 보고서에서 제안한 방안이다.

정답 ②

[01~02] 다음 주어진 글을 읽고 물음에 답하시오.

총 문항 수 : 2문항 | 총 문제풀이 시간 : 1분 20초 | 문항당 문제풀이 시간 : 40초

컴퓨터는 처리할 수 있는 정보의 양과 속도 면에서는 인간의 능력을 훨씬 뛰어넘는다. 그러나 컴퓨터의 기능이 얼마나 복잡하든, 궁극은 공식에 따라 진행되는 수리적 · 논리적인 여러 조작의 집적으로 이루어지는 것에 불과하다. 공식에 따르지 않는 지적 · 정신적 기능은 컴퓨터에는 있을 수 없다. 심리학에서는 컴퓨터처럼 공식에 따르는 정신기능을 수렴적 사고라 한다. 발산적 사고는 과학 · 예술 · 철학 등에서도 아주 중요한 지적 기능이다. 이러한 기능은 컴퓨터에는 없다. 컴퓨터가 아무리 발달한다 해도 컴퓨터가 '죄와 벌'같은 문학 작품을 써낼 수는 없다. 지나치게 컴퓨터에 의존하거나 중독되는 일은 이런 발산적 사고의 퇴화를 가져올 수 없다.

또 컴퓨터의 혁신 · 발전이 하도 빨라서 컴퓨터 사용자는 내일의 진보는 믿으면서도 어제로 향하는 역사 감각은 무디어진다. 말하자면 '시간의 섬'에서 살고 있는 셈이다. 따라서 컴퓨터시대의 인간은 그 이전의 사람들과 달리 어떤 대상에 대하여 강한 정신적 애착도 증오도 가지지 않는다.

01 윗글에서 말하는 발산적 사고와 일치하는 것은?

① 휴대전화의 키패드를 눌러가며 오락을 하였다.
② 움베르토 에코의 『전날의 섬』 중 일부분을 베껴 썼다.
③ 컴퓨터의 그림판 프로그램을 이용하여 친구의 얼굴을 그렸다.
④ 적금이 만기가 되었을 경우의 이자를 계산하였다.

정답해설 발산적 사고는 과학 · 예술 · 철학 등에서도 아주 중요한 지적 기능으로, 인간이 이루어내는 종합적 사고를 말한다. 컴퓨터와 같이 공식에 따라 진행되는 수리적이고 논리적인 여러 조작의 집적과는 상반된 것이다.

02 '시간의 섬'에 대한 설명으로 올바른 것은 무엇인가?

① 행동의 격리　　　　　　　　　② 외부와 접촉이 없는 격리
③ 사고의 협소　　　　　　　　　④ 역사와의 단절

 내일의 진보는 믿으면서도 어제로 향하는 역사 감각은 무디어지는 것을 '시간의 섬에서 살고 있다'고
표현하였다.

[03~10] 다음 글을 읽고 내용과 일치하는 것을 고르시오.

총 문항 수 : 8문항 | 총 문제풀이 시간 : 5분 20초 | 문항당 문제풀이 시간 : 40초

03

　　우리는 처음 만난 사람의 외모를 보고, 그를 어떤 방식으로 대우해야 할지를 결정할 때
가 많다. 그가 여자인지 남자인지, 얼굴색이 흰지 검은지, 나이가 많은지 적은지 혹은 그
의 스타일이 조금 상류층의 모습을 띠고 있는지 아니면 너무나 흔해서 별 특징이 드러나
보이지 않는 외모를 하고 있는지 등을 통해 그들과 나의 차이를 재빨리 감지한다. 일단 감
지가 되면 우리는 둘 사이의 지위 차이를 인식하고 우리가 알고 있는 방식으로 그를 대하
게 된다. 한 개인이 특정 집단에 속한다는 것은 단순히 다른 집단의 사람과 다르다는 것뿐
만 아니라, 그 집단이 다른 집단보다는 지위가 높거나 우월하다는 믿음을 갖게 한다. 모두
인간은 평등하다는 우리의 신념에도 불구하고 왜 인간들 사이의 이러한 위계화(位階化)를
당연한 것으로 받아들일까? 위계화란 특정 부류의 사람들은 자원과 권력을 소유하고 다른
부류의 사람들은 낮은 사회적 지위를 갖게 되는 사회적이며 문화적인 체계이다.

① 우리는 둘 사이의 차이를 인식하고 상대방을 대한다.
② 우리는 처음 만난 사람의 겉모습을 보고 좋은 사람인지 나쁜 사람인지 판단한다.
③ 산업 사회에서의 불평등은 계층과 계급의 차이를 통해서 정당화된다.
④ 내가 소속된 집단 외의 다른 집단이 우월하다는 믿음을 갖게 된다.

제시문의 내용과 일치하는 것은 ①이다.

 ② 우리는 대부분 처음 만난 사람의 겉모습을 보고 그를 어떤 방식으로 대할지 결정한다.
③ 보기 글이 옳은지 그른지 제시문만으로 알 수 없다.
④ 한 개인이 특정 집단에 속한다는 것은 그 집단이 다른 집단보다 지위가 높거나 우월하다는 믿음을 갖게 한다.

🔊 이 문제 중요!★

04

피를 더럽히는 주범은 쓸모없이 많은 영양분들인데 그중에서 나쁜 콜레스테롤, 중성지방이 대표적이다. 한방에서는 이렇게 순환되지 않고 죽은 피를 어혈로 본다. 건강의 암적인 요소인 어혈을 약물을 쓰지 않고 몸 밖으로 뽑아내 혈액순환을 원활하게 하는 한의학적 침법에는 금진옥액요법, 두피침요법, 어혈침요법, 청비침요법이 있다. 금진옥액요법은 혀 아래 정맥에서 상당히 많은 양의 어혈을 제거할 수 있으며 혈액순환장애로 오는 각종 질병에 특효이다. 시술한 부위에서 실타래 같은 섬유소가 많이 나오고 피가 탁할수록 어혈이 많은 상태라고 본다. 두피침요법은 두피를 침으로 가볍게 수십 차례 두드려 호흡법을 통해 두피 속의 죽은피를 흐르게 하는 사혈요법이다. 시술 즉시 눈이 맑아지며 어지럽고 머리가 아픈 데 특효이다. 어혈침요법은 팔다리에 고여 있는 어혈을 침으로 정해진 혈자리를 자극하여 탁한 피를 출혈시키는 방법이다. 손발이 붓고 차고 저린 데 탁월한 효과가 있다. 청비침요법은 콧속의 어혈을 빼내는 것으로 코가 막혀 있을 때 부어 있는 비강 내 점막을 빠르게 가라앉혀 숨 쉬기 편하게 하고 편두통 및 이마, 눈 쪽으로 통증이 있는 경우에도 효과가 빠르다.

① 금진옥액요법은 제거할 수 있는 어혈량이 가장 많은 침법이다.
② 손발이 붓고 차가울 때는 어혈침요법으로 시술한다.
③ 두피침요법은 두피의 혈자리를 자극하여 탁한 피를 출혈시키는 침법이다.
④ 청비침요법은 콧속의 어혈을 빼내는 것으로 편두통 치료와는 관계없다.

3일 벼락치기 롯데그룹 L-TAB

 어혈침요법은 손발이 붓고 차고 저린 데 탁월한 효과가 있다고 나와있다.

① 몸 밖으로 뽑아낼 수 있는 어혈량의 침법별 비교에 대한 내용은 지문에 없다.
③ 두피침요법은 호흡을 통해 두피 속의 죽은피를 흐르게 하는 침법이다.
④ 청비침요법은 편두통 및 이마, 눈 쪽으로 통증이 있는 경우에도 효과가 빠르다.

05

1950년대 이후 부국이 빈국에 재정 지원을 하는 개발 원조 계획이 점차 시행되었다. 하지만 그 결과는 그리 좋지 못했다. 부국이 개발 협력에 배정하는 액수는 수혜국의 필요가 아니라 공여국의 재량에 따라 결정되었고, 개발 지원의 효과는 보잘것없었다. 원조에도 불구하고 빈국은 대부분 더욱 가난해졌다. 개발 원조를 받았어도 라틴 아메리카와 아프리카의 많은 나라들이 부채에 시달리고 있다.

공여국과 수혜국 간에는 문화 차이가 있기 마련이다. 공여국은 개인주의적 문화가 강한 반면, 수혜국은 집단주의적 문화가 강하다. 공여국 쪽에서는 실제 도움이 절실한 개인들에게 우선적으로 혜택이 가기를 원하지만, 수혜국 쪽에서는 자국의 경제 개발에 필요한 부문에 개발 원조를 우선 지원하려고 한다.

개발 협력의 성과는 두 사회 구성원의 문화 간 상호 이해 정도에 따라 결정된다는 것이 최근 분명해졌다. 자국민 말고는 어느 누구도 그 나라를 효율적으로 개발할 수 없다. 그러므로 외국 전문가는 현지 맥락을 고려하여 자신의 기술과 지식을 이전해야 한다. 원조 내용도 수혜국에서 느끼는 필요와 우선순위에 부합해야 효과적이다. 이 일은 문화 간 이해와 원활한 의사소통을 필요로 한다.

① 공여국은 수혜국의 문화 부문에 원조의 혜택이 돌아가기를 원한다.
② 수혜국은 자국의 빈민에게 원조의 혜택이 우선적으로 돌아가기를 원한다.
③ 수혜국의 집단주의적 경향은 공여국의 개발 원조 참여를 저조하게 만든다.
④ 공여국과 수혜국이 생각하는 지원의 우선순위는 일치하지 않는다.

④ 공여국은 실제 도움이 절실한 개인에게 우선적으로 혜택이 돌아가기를 바라지만, 수혜국에서는 자

국의 경제 개발에 필요한 부문에 우선적으로 지원하고자 하므로 서로 입장 차이를 보인다.

 ① 공여국은 개인들에게 우선적으로 원조의 혜택이 돌아가기를 원한다.
② 수혜국은 자국 경제 개발에 필요한 부문에 우선적으로 원조의 혜택이 돌아가기를 원한다.
③ 수혜국의 집단주의적 경향은 언급되었으나, 공여국의 개발 원조 계획 참여가 저조한 것과의 연관성은 언급되지 않았다.

06

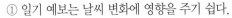

경제학은 인간의 합리성을 가정하나 동물 근성도 잘 감안하지 않으면 안 된다. 인간은 쉽사리 감정적이 되며, 경제 사회가 불안할수록 동물 근성이 잘 발동된다. 이런 의미에서도 경제 안정은 근본 문제가 된다. 그리고 경제는 이러한 인간의 경제 행위를 바탕으로 하므로 그 예측이 어렵다. 예를 들어 일기 예보의 경우에는 내일의 일기를 오늘 예보하더라도 일기가 예보 자체의 영향을 받지 않는다. 그러나 경기 예측의 경우에는 다르다. 예를 들어 정부가 경기 침체를 예고하면 많은 사람들은 이에 대비하여 행동을 하고, 반대로 경기 회복을 예고하면 또한 그에 따라 행동하기 때문에 경기 예측 그 자체가 경기 변동에 영향을 미친다. 따라서 예측이 어느 정도 빗나가는 것이 보통이다. '될 것이다.' 또는 '안 될 것이다.'와 같은 예측은 이른바 '자기실현적 예언'이 될 소지가 크다.

① 일기 예보는 날씨 변화에 영향을 주기 쉽다.
② 경기 예측은 사람들의 행동에 영향을 미친다.
③ 경기 예측과 실제 경기 변동은 아무런 상관이 없다.
④ 인간 행동의 변화를 통해 경기 예측이 가능하다.

 경기 침체를 예고하면 많은 사람들은 이에 대비하여 행동을 하고, 반대로 경기회복을 예고하면 또한 그에 따라 행동하기 때문에 경기 예측은 사람들의 행동에 영향을 미친다.

 ① 내일의 일기를 오늘 예보하더라도 일기가 예보의 영향으로 바뀌는 것은 아니다.
③ 경기 예측이 사람들의 행동에 영향을 미치므로 경기 변동에도 영향을 미친다. 따라서 아무런 상관이 없는 것은 아니다.

④ 경기 예측에 따라 사람들의 행동이 변화하는 것이며, 이러한 사람들의 행동이 경기 변동에 영향을 미치므로, 예측이 빗나갈 수도 있다.

이문제중요!

07

우리는 모두 오류를 범하는 경향이 있으며, 국민이든 인간이라는 존재로 구성된 어떤 집단이든 이 점에서는 마찬가지이다. 내가 국민이 그 정부를 제거할 수 있어야 한다는 이념을 지지하는 이유는 단 한 가지다. 독재 정권을 피하는 데 이보다 더 좋은 길을 나는 알지 못하기 때문이다. 국민 법정(popular tribunal)으로서 이해되는 민주주의—내가 지지하는 민주주의—조차도 결코 오류가 없을 수는 없다. 윈스턴 처칠이 반어적으로 표현한 익살은 이런 사태에 꼭 들어맞는다.

'민주주의는 최악의 정부형태이다. 물론 다른 모든 정부의 형태를 제외하고'

여기서 잠깐 정리를 하면, 국민주권으로서의 민주주의의 이념과 국민의 심판대로서의 민주주의, 또는 제거할 수 없는 정부(다시 말해서, 독재 정권)를 피하는 수단으로서의 민주주의의 이념 사이에는 단순히 언어적인 차이만이 있는 것이 아니다. 그 차이는 실제적으로 커다란 함의를 갖는다.

이를테면, 스위스에서도 그것은 매우 중요하다. 교육체계에서 초등학교와 중·고등학교에서는 독재 정권을 피할 필요성을 주장하는 좀 더 신중하고 현실적인 이론 대신에 해롭고 이데올로기적인 국민주권이론을 찬양하고 있는 것으로 안다. 나는 독재 정권은 참을 수 없고 도덕적으로 옹호될 수 없는 것으로 여긴다.

① 국민주권이론에 비해 민주주의에 오류가 더 많다.
② 민주주의는 이념이 아닌, 현실의 시각에서 볼 때 최악의 정부 형태이다.
③ 민주주의는 독재 정권을 방지하는 데 가장 큰 의미를 갖는다.
④ 민주주의 이념 아래에서 국민들은 가장 합리적인 선택을 할 수 있다.

정답 해설 ③ 제시문에 언급된 '국민이 그 정부를 제거할 수 있어야 한다는 이념'은 민주주의를 뜻하며, 필자는 독재 정권을 피하는 데 이보다 더 좋은 길을 알지 못한다고 했다.

 ①, ② 보기 글은 제시문과 일치하지 않는다.
④ 어떤 집단이든 오류를 범하는 경향이 있으며 민주주의도 결코 오류가 없을 수는 없다.

08

국내 총생산은 한 나라의 경제 활동 수준을 나타내는 중요한 지표이긴 하지만, 실생활을 반영하지 못하는 성격을 갖고 있다. 시장 가격이 형성되지 않았거나, 시장 밖에서 거래되는 재화나 서비스들이 있기 때문이다. 이 때문에 실제 느끼는 생활수준과 차이가 생긴다. 대표적인 것이 주부의 가사노동이다. 주부가 집에서 빨래하고 밥하고 청소하고 아이를 키우는 것은 국내 총생산에 포함되지 않는다. 시장 가치를 매길 수 없기 때문이다. 반면에 옷을 세탁소에 맡기고 외식을 하고, 놀이방에 아이를 보내는 것은 국내 총생산에 포함된다. 또한, 시장 밖에서 이루어지는 음성적 거래를 뜻하는 지하 경제도 국내 총생산에 포함되지 않는다. 게다가 환경오염 발생이나, 범죄, 교통사고와 같이 오히려 국민의 삶의 질을 떨어뜨리는 행위가 국내 총생산을 증가시키는 결과를 빚을 수도 있다.

① 국내 총생산은 국민들의 실제 생활수준을 반영한다.
② 삶의 질을 높이는 요소만이 국내 총생산으로 포함된다.
③ 주부의 가사노동은 국내 총생산에 포함된다.
④ 세탁소, 레스토랑, 놀이방 등은 시장 가격이 형성된 서비스이다.

주부가 집에서 하는 가사노동은 시장 가격이 형성되지 않으므로 국내 총생산에 포함되지 못하지만, 가사노동이 사회화 된 형태인 세탁소, 외식, 놀이방 등은 시장 가격이 형성되어 시장 가치를 매길 수 있으므로 국내 총생산에 포함된다.

09

VDT는 각종 정보기기에 장착된 디스플레이 장치를 말한다. VDT증후군이란 컴퓨터 모니터 등 VDT를 보면서 장시간 작업을 하고 난 뒤 생기는 안 증상과 근골격계 증상, 피부 증상, 정신신경계 증상을 통칭하여 말한다. 오랜 시간 같은 자세로 컴퓨터 화면을 보면서 키보드를 치는 VDT작업은 빠른 사고와 판단, 집중을 요한다.

이 같은 특성 때문에 컴퓨터 작업에 몰두할 때는 눈이 피로해지거나 침침해지며 눈이 아프거나 시력이 떨어지는 등의 여러 증세와 머리가 아프거나 무거워지는 증세, 그리고 구토와 불안감 등 전신에 걸친 증상이 나타난다. 이를 방지하기 위해 작업자는 정기적인 시력·안위(眼位)·안내압(眼內壓)측정 등의 검진을 받아야 하고, 일정 시간의 작업을 하고 나서는 휴식을 취해야 한다.

① 컴퓨터 작업을 하는 많은 직장인들이 VDT증후군에 시달리고 있다.
② VDT증후군이 발생하면 시력이 떨어진다.
③ 안과에서 정기적으로 검진을 받는 것은 VDT증후군 예방과는 관련 없다.
④ VDT증후군의 증상을 다섯 가지로 분류할 수 있다.

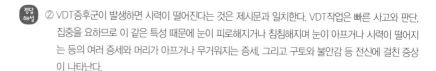

정답해설 ② VDT증후군이 발생하면 시력이 떨어진다는 것은 제시문과 일치한다. VDT작업은 빠른 사고와 판단, 집중을 요하므로 이 같은 특성 때문에 눈이 피로해지거나 침침해지며 눈이 아프거나 시력이 떨어지는 등의 여러 증세와 머리가 아프거나 무거워지는 증세, 그리고 구토와 불안감 등 전신에 걸친 증상이 나타난다.

오답해설 ① 컴퓨터 작업을 하는 많은 직장인들이 VDT증후군에 시달리고 있다는 것이 옳은지는 제시문만으로 알 수 없다.
③ 안과에서 정기적으로 검진을 받는 것이 VDT증후군 예방과는 관련없다는 것은 제시문과 일치하지 않는다. VDT증후군을 예방하기 위해 안과에서 정기적으로 검진을 받아야 한다.
④ VDT증후군의 증상을 다섯 가지로 분류할 수 있다는 것은 제시문과 일치하지 않는다. VDT증후군이란 컴퓨터 모니터 등 VDT를 보면서 장시간 작업을 하고 난 뒤 생기는 안 증상과 근골격계 증상, 피부 증상, 정신신경계 증상의 네 가지가 있다.

10

듀이 십진분류법(DDC)은 현재 세계에서 가장 많이 사용되는 분류표로서 우리나라의 많은 도서관 역시 이 방법을 도입하고 있다. 이 분류표가 널리 사용되고 있는 이유는 장점이 많기 때문일 것이다. 그러나 DDC는 단점 또한 적지 않다. 그 중에서 가장 큰 문제점의 하나는 이 분류표가 기독교와 앵글로색슨 문화권에 편향되어 있어서 그 이외의 국가에서 사용하는 데 불편하다는 점이다. 특히 DDC의 종교류(200)는 10개의 항목 중에서 220~280까지 7개를 기독교에 배정하여 기독교 중심성을 여실히 보여주고 있다. 한편 이와 같은 비판에 따라, DDC의 종교류에서 기독교 이외의 종교를 강조하고자 할 때 특별히 강조하고자 하는 특정 종교에 우위를 둘 수 있도록 하는 임의규정들을 마련하고 있다. 그러나 기본적으로 이 임의규정들은 모두 하나의 종교만이 중요시되는 경우에 대비한 것이다. 그러므로 어떤 특정의 국교(國敎)가 있거나 국민의 대다수가 한 종류의 종교만을 가진 국가, 그리하여 한 종교의 자료가 도서관 장서의 대부분을 차지하는 국가의 경우에는 아주 유익하게 활용될 수 있을 것이다. 그러나 한국과 같이, 다수의 종교가 다양하게 존재하는 국가의 경우는 이 임의규정이 크게 도움이 되지 못한다. 따라서 국내의 많은 도서관에서는 자체적으로 DDC 종교류를 재전개하여 사용하는 사례가 많이 나타나고 있다. 또한 여러 종교가 공존하는 나라들이 적지 않다는 점에서 이와 같은 문제는 우리나라만의 문제는 아닐 것이다.

① 듀이 십진분류법(DDC)는 장점만 있는 현재 세계에서 가장 많이 사용되는 분류표이다.

② DDC의 종교류에서 기독교 이외의 종교를 강조하고자 할 때 특별히 강조하고자 하는 특정 종교에 우위를 둘 수 있도록 하는 임의규정들을 마련하고 있지 않다.

③ 한국과 같이, 다수의 종교가 다양하게 존재하는 국가의 경우는 이 임의규정이 크게 도움이 된다.

④ 국내의 많은 도서관에서는 자체적으로 DDC 종교류를 재전개하여 사용하는 사례가 많이 나타나고 있다.

정답 해설 한국과 같이, 다수의 종교가 다양하게 존재하는 국가의 경우는 이 임의규정이 크게 도움이 되지 못해서 국내의 많은 도서관에서는 자체적으로 DDC 종교류를 재전개하여 사용하는 사례가 많이 나타나고 있다.

① DDC는 장점도 많지만 단점 또한 적지 않다고 나와 있다.

② 'DDC의 종교류에서 기독교 이외의 종교를 강조하고자 할 때 특별히 강조하고자 하는 특정 종교에 우위를 둘 수 있도록 하는 임의규정들을 마련하고 있다.'고 제시되어 있다.

③ '한국과 같이, 다수의 종교가 다양하게 존재하는 국가의 경우는 이 임의규정이 크게 도움이 되지 못한다.'고 나와 있다.

소요시간		채점결과	
목표시간	6분 40초	총 문항수	10문항
실제 소요시간	( )분( )초	맞은 문항 수	( )문항
초과시간	( )분( )초	틀린 문항 수	( )문항

3. 독해(3)

문제풀이 시간 : 40초

▶ 다음 글의 내용과 일치하지 않는 것은?

애초에 자동차는 이동에 걸리는 시간을 줄여주기 위해 발명되었다. 그러나 자동차가 대중화된 후 자동차 발명의 최초 동기는 충족되지 못하였다. 미국인들은 자동차가 널리 보급됨에 따라 점점 더 직장으로부터 먼 곳에 살기 시작했던 것이다. 40년 전만 해도 사람들은 대부분 걸어서 출근할 수 있는 가까운 거리에 살았지만 오늘날 사람들은 일터에서 30~50킬로미터 떨어진 교외에 흩어져 산다. 더욱이 출퇴근 시 시속 10킬로미터 이하로 거북이 운행을 할 때 자동차는 걷는 것보다 별로 낫지 않다.

자동차 시대가 열리자 고속도로가 등장했고 수천 킬로미터 길이의 아스팔트와 시멘트로 포장되었다. 1909년 디트로이트와 웨인의 박람회장을 잇는 작은 도로 건설을 시발점으로 하여 미국은 사상 유래 없이 값비싼 토목공사에 돌입했다. 1956년부터 1970년 사이만 해도 미국은 1,960억 달러에 달하는 예산을 고속도로 건설에 쏟아 부었다.

자동차 시대의 시작이 대규모 도로 건설을 불러왔을 뿐 아니라, 자동차 자체의 부품의 복잡함으로 인해 자동차산업은 다양한 관련 산업의 발달을 촉발함으로써 미국경제를 이끌어가는 견인차 역할을 하였다. 미국은 세계 최대의 자동차 생산국이자 세계 최대의 자동차 소비 국가가 되었다.

자동차의 폭발적인 증가가 긍정적인 효과만을 낳은 것은 아니다. 교통사고가 빈발하여 이에 따른 인적, 물적 피해가 엄청나게 불어났다. 또한 환경 문제도 심각해졌다. 미국의 1억 5,000만 대의 자동차들은 엄청난 에너지를 소비하며 그 에너지는 대기 중에 분산된다. 오늘날 미국 도시들에서 발생하는 대기오염의 60%는 자동차 배기가스에 의한 것이다. 1971년 대기오염으로 인한 건물 및 재산피해는 1백억 달러로 추산되었다.

자동차가 끼친 가장 심각한 문제는 연료 소비가 대폭 늘어남으로 인해 에너지 고갈위기가 다가왔다는 것이다. 석유 자원은 수십 년 안에 고갈될 것으로 예견되고 있으며 이동 시간을 단축시키려던 애초의 소박한 자동차 발명동기와는 달리 인류는 자동차 때문에 파멸의 위기에 빠질 수도 있다.

① 자동차 사용을 위한 사회간접비용이 증가되었다.
② 자동차 사용의 증가는 대체에너지 개발을 촉진하였다.

③ 자동차 사용의 증가로 인하여 대기오염이 심각해졌다.

④ 자동차 사용은 때로 불필요한 시간 소비를 낳기도 하였다.

> **정답해설** 자동차가 발명되어 연료 소비가 늘어나 에너지 고갈 위기가 다가왔다는 내용은 제시되어 있지만 대체에너지 개발을 촉진하였다는 내용은 없다.
>
> 정답 ②

[01~10] 다음 글을 읽고 내용과 일치하지 않는 것을 고르시오.

총 문항 수 : 10문항 | 총 문제풀이 시간 : 6분 40초 | 문항당 문제풀이 시간 : 40초

이 문제 중요!

01

모든 미학 체계는 어떤 특수한 정서를 느끼는 개인적 경험에서 출발한다. 이러한 정서를 유발하는 대상들을 우리는 예술작품이라고 부른다. 예술작품들에 의해서만 촉발되는 독특한 정서가 존재한다는 것에 감수성 있는 사람들이라면 모두 동의한다. 이와 같은 특수한 종류의 정서가 존재한다는 사실, 그리고 이 정서가 회화, 조각, 건축 등 모든 종류의 예술에 의해서 촉발된다는 사실은 누구도 부인할 수 없다. 이 정서가 '미적 정서'이다. 그리고 만약 우리가 그 정서를 유발하는 모든 대상들에 공통적이고 그 대상들에만 특수한 어떤 속성을 발견할 수 있다면 우리는 미학의 핵심 문제를 해결하게 될 것이다. 모든 예술작품에 공통되고 그것들에만 특수한 속성은 무엇인가?

그 속성이 무엇이건 그것이 다른 속성들과 함께 발견된다는 점은 분명하다. 그러나 다른 속성들이 우연적인 반면 그 속성은 본질적이다. 그것을 갖고 있지 않으면 그 어떤 것도 예술작품이 아니고, 최소한이라도 그것을 소유하면 그 어떤 작품도 완전히 무가치할 수는 없는 그러한 하나의 속성이 존재함에 틀림없다. 이 속성은 무엇일까? 어떤 속성이 우리의 미적 정서를 유발하는 모든 대상들에 의해 공유되는 것일까? 소피아 사원과 샤르트르 성당의 스테인드글라스, 멕시코의 조각품, 파도바에 있는 지오토의 프레스토 벽화들, 그리고 푸생, 피에로 델라 프란체스카와 세잔의 걸작들에 공통된 속성은 무엇일까? 오직 하나

의 대답만이 가능해 보인다. 바로 '의미 있는 형식'이다. 방금 말한 대상들 각각에서 특수한 방식으로 연관된 선과 색들, 특정 형식과 형식들의 관계가 우리의 미적 정서를 불러일으킨다. 선과 색의 이러한 관계와 연합체들, 미적으로 감동을 주는 이 형식을 나는 '의미 있는 형식'이라고 부르며 이것이 모든 예술작품에 공통적인 하나의 속성이다.

① 예술작품과 비예술 인공물의 외연은 겹치지 않는다.
② 조각품이나 회화 등의 예술작품은 미적 정서를 유발한다.
③ 미적 정서를 일으키는 성질과 의미 있는 형식 사이에는 괴리가 있을 수 있다.
④ 어떤 것이 예술이 되기 위해서 만족해야 할 필요하고도 충분한 조건이 존재한다.

정답해설 미적 정서를 유발하는 모든 대상이 가진 공통되고 그것에만 특수한 속성이 바로 '의미 있는 형식'이다. 그러므로 둘 사이에는 괴리가 있을 수 없다.

02

이미지를 생산 · 유포하는 기술의 급속한 발달은 우리가 이미지의 홍수에 휩쓸려 떠내려가고 있다는 느낌을 갖게 한다. 신문, 텔레비전, 컴퓨터 등을 통해 생산되고 전파되는 이미지들은 우리를 둘러싸고 있는 자연 환경과도 같이 우리 삶의 중요한 부분을 차지하고 있다.

시각적 이미지의 과도한 증식 현상과 맞물려 그에 대한 우려와 비판의 목소리도 한층 높아지고 있다. 그러한 비판의 내용은 시각 이미지의 물결이 우리의 지각을 마비시키고 주체의 성찰 기능을 앗아간다는 것이다. 시각 이미지는 바라보고 그 의미를 해독해야 할 대상으로 존재하는 것이 아니라, 우리를 자극하고 사라져 버릴 뿐이다. 더욱이 그렇게 스치고 지나가는 시각 이미지들이 현실을 덮어 버림으로써 우리의 현실감은 마비된다. 더 나아가 시공을 넘나드는 이미지의 초역사성으로 말미암아 우리의 역사 감각, 시간 의식의 작동도 불가능하게 된다.

이미지 범람 현상에 대한 또 다른 우려의 목소리도 있다. 현대의 인간이 누가 생산해 내는지도 모르는 이미지를 단순히 수동적으로 소비함으로써, 그러한 이미지를 비판하면서 주체적으로 새로운 이미지를 꿈꿀 수 있는 기회를 빼앗기게 된다는 것이다. 더욱이 컴퓨터 그래픽 등 디지털 기술의 발달은 자유롭게 가상 현실을 만들어 내는 것을 가능하게 하여 가상 현실과 실제 세계를 명확히 구분하지 못하게 한다. 이렇게 이미지에 이끌리는 인간의 삶은 결국 이미지를 통해 모든 것을 얻고, 수정하고, 모방ㆍ생산할 수 있다고 믿는 환상 속의 삶으로 전락하고 만다.

① 이미지의 초역사성은 인간의 현실감을 약화시키고, 더 나아가 우리의 역사 감각, 시간 의식의 작동도 불가능하게 한다.
② 이미지 과잉 현상의 문제는 이미지의 생산, 유포, 소멸과 관련되어 있다.
③ 발달된 이미지 생산 기술은 가상 세계를 실제 세계로 착각하게 할 위험이 있다.
④ 이미지를 생산하는 위치에 서지 않는 한 이미지의 범람에 효과적으로 대처할 수 없다.

 ④는 제시문과 부합하지 않는다. 제시문에 언급된, 이미지를 단순히 수동적으로 소비함으로써 주체적으로 새로운 이미지를 꿈꿀 수 있는 기회를 빼앗기게 된다는 것을, 이미지를 생산하는 위치에 서야 한다는 뜻으로 보기에는 무리가 있다.

03

책은 인간이 가진 그 독특한 네 가지 능력의 유지, 심화, 계발에 도움을 주는 유효한 매체이다. 하지만, 문자를 고안하고 책을 만들고 책을 읽는 일은 결코 '자연스러운' 행위가 아니다. 인간의 뇌는 애초부터 책을 읽으라고 설계된 것이 아니기 때문이다. 문자가 등장한 역사는 6천 년, 지금과 같은 형태의 책이 등장한 역사 또는 6백여 년에 불과하다. 책을 쓰고 읽는 기능은 생존에 필요한 다른 기능들을 수행하도록 설계된 뇌 건축물의 부수적 파생 효과 가운데 하나이다. 말하자면 그 능력은 덤으로 얻어진 것이다.

그런데 이 '덤'이 참으로 중요하다. 책이 없어도 인간은 기억하고 생각하고 상상하고 표현할 수 있기는 하나 책과 책 읽기는 인간이 이 능력을 키우고 발전시키는 데 중대한 차이를 낳기 때문이다. 또한 책을 읽는 문화와 책을 읽지 않는 문화는 기억, 사유, 상상, 표현의 층위에서 상당한 질적 차이를 가진 사회적 주체들을 생산한다. 그렇기는 해도 모든 사람이 맹목적인 책 예찬자가 될 필요는 없다. 그러나 중요한 것은, 인간을 더욱 인간적이게 하는 소중한 능력들을 지키고 발전시키기 위해서 책은 결코 희생할 수 없는 매체라는 사실이다.

그 능력을 지속적으로 발전시키는 데 드는 비용은 적지 않다. 무엇보다 책 읽기는 결코 손쉬운 일이 아니기 때문이다. 책 읽기에는 상당량의 정신 에너지와 훈련이 요구되며, 독서의 즐거움을 경험하는 습관 또한 요구된다.

① 책 읽기는 별다른 훈련이나 노력 없이도 마음만 먹으면 가능한 일이다.
② 책을 쓰고 읽는 기능은 인간 뇌의 본래적 기능은 아니다.
③ 책과 책 읽기는 인간의 기억, 사유, 상상 등과 관련된 능력을 키우는 데 상당히 중요한 변수로 작용한다.
④ 독서 문화는 특정 층위에서 사회적 주체들의 질적 차이를 유발한다.

정답해설 제시문의 마지막 문장에서 책 읽기에는 상당량의 정신 에너지와 훈련이 요구된다고 하였으므로 별다른 훈련이나 노력 없이 책 읽기가 가능하다는 것은 이 글의 내용과 부합하지 않는다.

오답해설 ② 1 문단에서 인간의 뇌는 애초부터 책을 읽으라고 설계된 것이 아니라고 하면서 책을 쓰고 읽는 것은 덤으로 얻어진 기능이라고 하였다.
③ 2 문단에서 책과 책읽기는 인간이 이 능력을 키우고 발전시키는 데 중대한 차이를 낳는다고 하였다.

📢 이 문제 중요*

04

저명한 경제학자 베어록(P. Bairoch)이 미국을 가리켜 근대적 보호주의의 모국이자 철옹성이라고 표현한 바 있듯이, 아마도 유치산업* 장려정책을 가장 열성적으로 시행한 국가는 미국일 것이다. 하지만 미국 학자들은 이 사실을 좀처럼 인정하지 않고 있으며, 일반 지식인들도 이 사실을 인식하지 못하는 듯하다. 유럽 산업혁명 연구의 권위자인 경제사학자 트레빌콕(C. Trevilcock)도 1879년에 시행된 독일의 관세인상에 대해 논평하면서 당시

'자유무역 국가인 미국'을 포함한 모든 국가들이 관세를 인상하고 있었다고 서술하고 있을 정도이다.

또 관세가 높은 것을 인정하는 경우에도 그것의 중요성은 폄하하는 경우가 많았다. 예를 들어 노벨경제학상 수상자인 노스(D. North)는 최근까지 미국 경제사에 관한 논문에서 관세에 대해 단 한 번 언급하였는데 그나마 관세는 미국의 산업 발전에 별 영향을 미치지 못했기 때문에 더 논의할 필요가 없다고 했다. 그는 구체적 근거를 제시하지도 않은 채 매우 편향적인 참고문헌을 인용하면서 "남북전쟁 이후 관세의 보호주의적 측면이 강화되었지만 관세가 제조업 성장에 상당한 영향을 주었다고 믿기는 의심스럽다."라고 주장하였다.

그러나 좀 더 세밀하고 공정하게 역사적 자료를 살펴보면 대부분의 신흥공업국들이 펴온 유치산업 보호정책이 미국의 산업화 과정에서 쉽게 발견되고 있고, 미국 경제발전에도 매우 중요한 영향을 끼쳤다는 것을 알 수 있다. 연방정부가 탄생하기 이전의 식민지 시대부터 국내산업의 보호는 미국 정부의 현안 문제였다. 영국은 식민지 국가들의 산업화를 바라지 않았고 그 목표를 달성하기 위한 정책들을 차분히 실행하였다. 미국이 독립을 맞이할 즈음 농업 중심의 남부는 모든 형태의 보호주의 정책에 반대하였지만 초대 재무장관인 해밀턴(A. Hamilton)으로 대표되는 제조업 중심의 북부는 보호주의 정책을 원하였다. 그리고 남북전쟁이 북부의 승리로 끝났다는 사실로부터 우리는 이후 미국 무역정책의 골격이 보호주의로 되었음을 어렵지 않게 추론해 낼 수 있다.

* 유치산업 : 장래에는 성장이 기대되나 지금은 수준이 낮아 국가가 보호하지 아니하면 국제 경쟁에서 견딜 수 없는 산업

① 미국 학자들은 자국이 보호주의 정책을 통해서 경제성장을 달성하였다는 사실을 인정하려 하지 않는다.

② 남북전쟁에서 남부가 패배한 것은 자유무역 정책을 취했기 때문이다.

③ 미국의 경제발전이 자유무역 방식으로 이루어진 것만은 아니다.

④ 일반적으로 후발 산업국들은 유치산업 보호정책을 취하였다.

정답해설 미국이 독립을 맞이할 무렵 농업 중심의 남부는 모든 형태의 보호주의 정책에 반대하였지만 제조업 중심의 북부는 보호주의 정책을 원하였다는 제시문의 내용을 통해 남북전쟁에서 남부가 패배한 것은 자유무역 정책을 취했기 때문이라는 내용을 유추하기는 어렵다.

05

 유물은 긴 세월을 거치면서 외부 조건에 의해 그 상태가 쉽게 훼손되기 때문에 주의해서 다루어야만 한다. 목제품, 섬유류, 가죽 등의 유기질 유물은 건조한 상태와 젖어 있는 상태가 반복되는 환경에서는 토기나 석기 등에 비해서 쉽게 분해되지만, 늘 건조하거나 늘 젖어 있는 환경에서는 비교적 양호하게 보존되는 특징이 있다. 그래서 유기질 유물은 대부분 이와 같은 환경에서 발견된다.

 현존하는 유기질 유물 중 목재는 두 종류로 나눌 수가 있다. 하나는 고건축 재료로 사용된 건조한 목재이고, 다른 하나는 오랜 기간 물속에 잠겨 있었기 때문에 과다하게 물을 함유한 목재이다. 물을 많이 함유한 목재를 수침출토목재(水浸出土木材)라 하는데 오랫동안 물에 잠긴 상태에 있었기 때문에 목재 속의 수지 성분이나 셀룰로오스 성분의 대부분이 빠져 나가 목재로서의 강도를 잃어버린 상태이다.

 대체로 살아 있는 수목의 함수율이 100% 내외인데 비해 수침출토목재의 함수율은 침엽수가 100%~500%, 활엽수가 300%~800%이다. 수침출토목재는 과다하게 함유한 수분에 의해서 겨우 그 원형을 유지하고 있는 상태이므로 수침출토목재를 발굴하는 과정에서 적절한 조치 없이 방치하면 건조해서 갈라지고 수축하여 본래의 형태를 잃어버리게 된다. 그래서 수침출토목재는 발굴 즉시 습한 조건을 유지시켜야 하고, 항구적인 보존 처리를 시행하기까지 건조되는 것을 방지해야 한다.

 수축해서 변형된 목제품을 본래 형태로 상정하는 것은 어려운 일이지만, 수축한 목재를 팽윤*시켜서 복원을 시도한 연구가 계속되고 있고 수축한 정도와 나무 종류에 따라 거의 완전하게 본래의 형태를 회복시킨 예도 있다. 독일 국립해양박물관의 호프만은 수중에서 발굴한 후에 수축 변형된 중세의 목제품 고블릿(goblet, 굽이 높은 와인 잔)의 형상을 복원하고 보존 처리하는 데 성공했는데 그 방법을 요약하면 다음과 같다.

 일반적으로 목재는 90~180℃의 증기로 열을 가하면 유연하게 되며 뜨거운 상태에서 구부린 후 식히면 그 형상이 유지된다. 이것을 알칼리 용액에 넣어 끓이면 팽윤된다. 그러나 형상은 회복되었어도 조금만 부주의하게 취급하면 본래의 형태가 붕괴되어 버릴 정도로 약한 상태이다. 그래서 원래의 형상에 알맞게 형틀을 만들고 고블릿에 붙여서 지지하여 보강한다. 이 상태에서 제품에 함유된 수분을 전부 알코올로 치환한다. 그 다음 알코올에 용해시킨 폴리에틸렌글리콜(PEG)을 스며들게 하여 강화시키는데 이 과정에서 시간이 많이 소요된다.

 폴리에틸렌글리콜이 스며든 고블릿을 먼저 만든 형틀에 따라 형태를 정비하고 또한 파편도 제 위치에 찾아 넣어 고블릿으로서의 형상을 복원한다. 그리고 이것을 진공 동결 건조시킨다. 이 때 고블릿의 결손부에 페놀 수지제의 미소구체*와 에폭시 수지를 고루 섞이도록 개어서 색상을 넣은 접합 물질을 메워 넣어 정형하면 복원이 완료된다.

* 팽윤 : 고분자 화합물이 용매를 흡수하여 부피가 늘어나는 일
* 미소구체 : 공처럼 내부가 빈 공간으로 되어 있는 미세한 분말

① 변화가 심한 환경에서 유물은 쉽게 훼손된다.
② 수침출토목재는 발굴한 뒤 곧바로 수분을 제거하여 건조시켜야 한다.
③ 수지 성분이나 셀룰로오스 성분이 빠진 목재는 약하고 힘이 없는 상태이다.
④ 건조한 상태가 계속된 환경에서 발견된 유기질 유물은 비교적 상태가 양호하다.

정답해설 셋째 문단에서, '수침출토목재는 발굴 즉시~건조되는 것을 방지해야 한다.'라고 했으므로 ②는 이 글의 내용과 일치하지 않는다.

06

고대 그리스의 어떤 철학자는 눈, 우박, 얼음의 생성에 대해 다음과 같이 주장했다. 특정한 구름이 바람에 의해 강력하고 지속적으로 압축될 때 그 구름에 구멍이 있다면, 작은 물 입자들이 구멍을 통해 구름 밖으로 배출된다. 그리고 배출된 물은 하강하며 더 낮은 지역에 있는 구름 내부의 극심한 추위 때문에 동결되어 눈이 된다. 또는 습기를 포함하고 있는 구름들이 나란히 놓여서 서로를 압박할 때, 이를 통해 압축된 구름 속에서 물이 동결되어 배출되면서 눈이 된다. 우박은 구름이 물을 응고시키면서 만들어지는데, 이런 현상은 특히 봄에 빈번하게 발생한다.

얼음은 물에 있던 둥근 모양의 입자가 밀려나가고 이미 물 안에 있던 삼각형 모양의 입자들이 함께 결합하여 만들어진다. 또는 밖으로부터 들어온 삼각형 모양의 물 입자가 함께 결합하여 둥근 모양의 물 입자를 몰아내고 물을 응고시킬 수도 있다.

① 봄에는 구름이 물을 응고시키는 경우가 자주 발생한다.

② 물에는 둥근 모양의 입자뿐만 아니라 삼각형 모양의 입자도 있다.

③ 날씨가 추워지면 둥근 모양의 물 입자가 삼각형 모양의 물 입자로 변화한다.

④ 구름의 압축은 바람에 의해 발생하는 경우도 있고, 구름들의 압박에 의해 발생하는 경우도 있다.

정답해설 ③ 삼각형 모양의 입자들이 결합하여 얼음이 생성된다는 내용은 있으나, 삼각형 모양의 입자들이 어떻게 생성되는지에 대해서는 언급되어 있지 않다. 얼음의 생성을 추운 날씨와 연관시킨다 해도, 물 안에 있던 둥근 모양의 입자는 밀려나가게 되므로 둥근 모양의 입자가 삼각형 모양의 입자로 변화한다는 내용을 추론할 수는 없다.

오답해설 ④ '특정한 구름이 바람에 의해 강력하고 지속적으로 압축될 때'라는 부분과 '습기를 포함하고 있는 구름들이 나란히 놓여서 서로를 압박할 때, 이를 통해 압축된 구름'이라는 부분을 통해 구름의 압축이 발생하는 원인을 알 수 있다.

07

천지자연의 소리가 있으면 반드시 천지자연의 글이 있게 된다. 옛날 사람은 소리에 근거하여 글자를 만듦으로써 만물의 실정이 소통하도록 하고 천·지·인의 도리를 기록하게 하였다. 이는 뒷세상에서 변경할 수 없는 일이다. 그런데 사방의 풍토는 서로 다르고, 이에 따라 소리 역시 서로 다르기 마련이다. 대개 중국 밖 나라들의 말은 그 소리가 있어도 글자가 없으므로 중국의 문자를 빌려서 일상생활에 사용하니, 이는 마치 둥근 막대를 네모난 구멍에 끼워 넣을 때 잘 맞지 않는 것과 같다. 그러니 어찌 말이 막힘없이 잘 통할 수 있겠는가? 요컨대 모두 각자의 처지에 따라 편안하게 해야지, 억지로 같게 할 수는 없는 것이다. 우리나라의 예악과 문물은 중국과 비견되지만, 방언과 속말만은 중국과 다르다. 이에 따라 글을 배우는 사람은 그 뜻을 이해하기 어렵다고 근심하고, 옥사를 다스리는 사람은 그 자세한 사정을 소통하기 어렵다고 괴로워한다. 동방에 나라가 생긴 지 오래되었지만 문명을 개척하는 큰 지혜는 오늘날 넓게 펼쳐져 드러나야 할 것이다.

① 소리에 맞는 글자를 사용하면 말을 막힘없이 잘 통하게 할 수 있다.

② 중국의 글자를 빌려 소리를 표기하는 나라는 우리나라뿐이다.
③ 우리나라의 예악과 문물은 중국과 비견된다.
④ 옛날 사람은 소리에 근거하여 글자를 만들었다.

 중국 밖 나라들은 내개 소리가 있어도 글자가 없으므로 중국의 문자를 빌려 사용한다고 제시문에 나와 있다. 옛날 사람은 소리에 근거하여 글자를 만듦으로써 만물의 실정이 소통하도록 하고 천·지·인의 도리를 기록하게 하였다.

이문제중요!

08

휴식이 주는 효과는 디폴트 네트워크(default network)로 설명될 수 있다. 이 영역은 우리 뇌가 소모하는 전체 에너지의 60~80%를 차지하는데, 뇌에서 안쪽 전두엽과 바깥쪽 두정엽이 이에 해당된다. 미국의 한 두뇌 연구가는 실험 참가자가 테스트 문제에 집중하면서 생각에 골몰하면 뇌의 특정 영역이 늘어나는 것이 아니라 줄어든다는 사실을 발견했다. 오히려 이 영역은 우리가 아무 생각도 하지 않을 때 늘어나기까지 했다.

한마디로 우리 뇌의 많은 부분은 정신적으로 아무 것도 하지 않을 때 그 활동을 강화하고 있는 셈이다. 디폴트 네트워크는 하루 일과 중에 긴장을 풀고 몽상을 즐길 때나 잠을 자는 동안 활발한 활동을 한다. 그러므로 정보가 유입되지 않는다 해서 우리 두뇌가 쉬는 것은 아니다.

정말로 '아무 생각 없음'이 반짝이는 아이디어를 만들어주는 것일까? 정답은 '아니다'이다. 아르키메데스도 문제에 골몰하던 중 목욕탕에서 휴식을 취하다가 아이디어가 생각났다. 여기서 중요한 것은 이미 문제에 대한 고민이 있었다는 사실이다. 다시 말해 문제에 대한 배경 지식을 갖고 있었을 뿐만 아니라 해결에 대한 열린 사고를 갖고 있었다는 것을 의미한다. 뜻밖의 발견이나 발명에 대한 대표적인 예가 '포스트잇'이다. 3M에 근무하던 아서 프라이(Arthur Fry)가 악보에서 자꾸 떨어져 내리는 책갈피를 보고, 실험실에서 잠자고 있던 슈퍼 접착제를 쪽지에 발라 '포스트잇'을 탄생시켰다. 대개 이런 발명을 '세렌디피티(serendipity) 원리'라고 부른다.

① 아무런 생각을 하지 않는다고 해서 뇌가 쉬는 것은 아니다.
② 디폴트 네트워크는 외부 자극이 없을 때 활발한 활동을 하는 뇌의 영역을 말한다.
③ 디폴트 네트워크와 세렌디피티의 원리는 상반되는 개념이다.
④ 세렌디피티의 원리에는 행운뿐만 아니라 노력도 포함되어 있다.

정답해설 '디폴트 네트워크'는 정신적으로 아무 것도 하지 않을 때 활동을 활발히 하는 뇌의 영역을 말하고, '세렌디피티의 원리'는 해결해야 하는 문제에 대해 열린 사고를 가지고 있어야 좋은 아이디어를 떠올릴 수 있다는 것으로 두 개념이 상반되는 것은 아니다.

오답해설 ①, ② 뇌가 휴식을 취할 때 오히려 활동을 강화한다는 '디폴트 네트워크'에 따르면, 아무런 생각을 하지 않는다고 해서 뇌가 쉬는 것이 아님을 알 수 있다.
④ 해결해야 할 문제에 대한 배경 지식과 함께 열린 사고를 가지고 있어야 반짝이는 아이디어를 얻을 수 있다는 세렌디피티의 원리에 따르면 발명은 행운뿐만 아니라 노력도 함께 필요한 것이다.

09

우리는 일상 어디에서나 타일을 쉽게 볼 수 있다. 정사각형 타일이 깔린 바닥은 건물에서 흔히 볼 수 있고 가끔은 독특한 모양의 타일을 깔아 한껏 멋을 낸 길을 걷기도 한다. 면에 빈틈없이 타일을 까는 과정을 타일링(tiling)이라고 한다. 타일링을 인테리어 장식의 하나라고 넘겨 버릴 수도 있지만 여기에는 수학적 원리가 숨어 있다.

수학적으로 정의하면 타일링은 평면에 겹치지 않고 빈자리가 생기지 않게 배치한 도형의 집합이다. 타일링의 종류는 무수히 많다. 아무 도형이나 겹치지만 않게 바닥에 깐 뒤 빈자리가 있을 경우 거기에 맞는 도형을 만들어 끼워 넣으면 되기 때문이다. 하지만 아무런 조건이 없는 타일링은 미적으로도 가치가 떨어지고 수학의 측면에서도 의미가 없다. 수학자들은 다양한 조건을 만들어 이를 충족하는 타일링을 찾고 거기에서 어떤 법칙을 이끌어 냈다.

① 타일링에는 수학적 원리가 숨어 있다.
② 조건 없는 타일링은 미적으로 가치가 떨어진다.

③ 타일링의 종류는 정사각형 타일을 까는 타일링이 유일하다.

④ 수학적으로 다일링은 평면에 겹치지 않고 빈자리가 생기지 않게 배치한 도형의 집합이다.

정답해설 아무 도형이나 겹치지만 않게 바닥에 깐 뒤 빈자리가 있을 경우 거기에 맞는 도형을 만들어 끼워 넣으면 되기 때문에 타일링의 종류는 무수히 많다고 나와있다.

10

1937년 영국에서 거행된 조지 6세의 대관식에 귀족들은 대부분 자동차를 타고 왔다. 대관식에 동원된 마차는 단 세 대밖에 없었을 정도로 의례에서 마차가 차지하는 비중이 작아졌다. 당시 마차 관련 서적에서 드러나듯, 대귀족 가문들조차 더 이상 호화로운 마차를 사용하지 않았다. 당시 마차들은 조각이 새겨진 황금빛 왕실 마차와 같이 의례용으로 이용되는 경우를 제외하고는 거의 사용되지 않은 채 방치되었다.

제2차 세계 대전 이후 전투기와 탱크와 핵폭탄이 세계를 지배하면서, 대중은 급격한 과학 기술의 발전에 두려움과 어지러움을 느끼게 되었다. 이런 배경하에 영국 왕실 의례에서는 말과 마차와 검과 깃털 장식 모자의 장엄한 전통이 정치적으로 부활하였다. 1953년 엘리자베스 2세의 대관식은 전통적인 방법으로 성대하게 치러졌다. 대관식에 참여한 모든 외국 왕족과 국가 원수를 마차에 태웠는데, 이때 부족한 일곱 대의 마차를 한 영화사에서 추가로 임대할 정도였다.

왕실의 고풍스러운 의례가 전파로 송출되기 시작하면서 급변하는 사회를 혼란스러워하던 대중은 전통적 왕실 의례에서 위안을 찾았다. 국민의 환호와 열광 속에 화려한 마차를 타고 개선로를 통과하는 군주에게는 어수선한 시대의 안정적 구심점이라는 이미지가 부여되었다. 군주는 전후 경제적 피폐와 정치적 혼란의 양상을 수습하고 국가 질서를 재건하는 상징적 존재로 부상하였다.

① 영국 왕실 의례는 영국의 지역 간 통합에 순기능으로 작용했다.

② 1940년대에 마차는 단지 의례용으로만 사용되었다.

③ 엘리자베스 2세의 대관식은 많은 국빈이 참여한 가운데 성대하게 거행되었다.

④ 엘리자베스 2세는 군중이 지켜보는 가운데 마차를 타고 개선로를 통과하였다.

정답해설 제시문에 따르면 영국 왕실 의례는 전후 경제적·정치적 혼란을 수습하는 등의 순기능으로 작용하였으나, 그 영향이 영국의 지역 간 통합에 미쳤는지의 여부는 알 수 없다.

1DAY

2DAY

3DAY

소요시간		채점결과	
목표시간	6분 40초	총 문항수	10문항
실제 소요시간	( )분 ( )초	맞은 문항 수	( )문항
초과시간	( )분 ( )초	틀린 문항 수	( )문항

정답 10 ①

4. 독해(4)

⏱ 문제풀이 시간 : 40초

▶ 다음 글을 읽고 추론할 수 없는 것은?

한국 신화에서 건국신화 다음으로 큰 비중을 차지하는 것은 무속신화이다. 무속신화는 고대 무속 제전에서 형성된 이래 부단히 생성과 소멸을 거듭했다. 이러한 무속신화 중에서 전국적으로 전승되는 '창세신화'와 '제석본풀이'는 남신과 여신의 결합이 제시된 후 그 자녀가 신성의 자리에 오른다는 점에서 신화적 성격이 북방의 건국신화와 다르지 않다. 한편, 무속신화 중 '성주신화'에서는 남성 인물인 '성주'가 위기에 빠져 부인을 구해내고 출산과 축재를 통해 성주신의 자리에 오른다. 이는 대부분의 신화에서 나타나는 부자(父子) 중심의 서사 구조가 아닌 부부 중심의 서사 구조를 보여준다.

특이한 유형을 보이는 신화 중에 제주도의 '삼성신화'가 있다. '삼성신화'에서는 남성이 땅 속에서 솟아나고 여성이 배를 타고 들어온 것으로 되어 있다. 남성이 땅에서 솟아났다는 점은 부계 혈통의 근원을 하늘이 아닌 대지에 두었다는 것으로 본토의 건국신화와 대조된다. 그리고 여성이 배를 타고 왔다는 것은 여성이 도래한 세력임을 말해 준다. 특히 남성은 활을 사용하고 여성이 오곡의 씨를 가지고 온 것으로 되어 있는데, 이것은 남성으로 대표되는 토착 수렵 문화에 여성으로 대표되는 농경문화가 전래되었음을 신화적으로 형상화한 것이다.

① 주몽신화는 북방의 건국신화이다.

② 성주신화에서는 부부 중심의 서사 구조가 나타난다.

③ 신화에는 당대 민족의 문화적 특징이 담겨있다.

④ 삼성신화에서는 부계 사회에서 모계 중심의 사회로 전환되는 사회상이 나타난다.

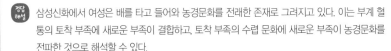

정답
해설
삼성신화에서 여성은 배를 타고 들어와 농경문화를 전래한 존재로 그려지고 있다. 이는 부계 혈통의 토착 부족에 새로운 부족이 결합하고, 토착 부족의 수렵 문화에 새로운 부족이 농경문화를 전파한 것으로 해석할 수 있다.

정답 ④

1DAY 2DAY 3DAY

[01~03] 다음 주어진 글을 읽고 물음에 답하시오.

총 문항 수 : 3문항 | 총 문제풀이 시간 : 2분 | 문항당 문제풀이 시간 : 40초

교육에는 너무나 명백하고 자명한 사실이 있다. 그러나 사람들은, 특히 교육 정책가들은 교육의 계획과 운영에서 이 명백한 사실을 너무나도 자주 망각한다. 그것은 교육에는 시차성(時差性)이 있다는 사실이다. 그 시차성은 두 가지로 작용한다. 즉, 하나는 교육하는 것 자체가 '긴 세월이 걸린다.'는 것이고 또 하나는 이렇게 교육된 효과는 '긴 세월을 간다.'는 것이다.

그래서 교육에는 장기 투자가 필요하다. 교육하는 것 자체가 긴 시간이 걸리고 따라서 교육의 효과가 사회적으로 나타나기엔 15, 20년이 걸린다는 시차성은 너무나 자명하다. 지금의 초등학교에 들어오는 학생은 적어도 20년을 때로는 30년을 보호하고 가르치고 해야 ㉮ '사람'이 된다. 서두를 수가 없다.

가르치고 배우는 일은 시간이 걸린다. 물건 자본은 잘하면 하루아침에 긁어모아 형성할 수 있으나 인간 자본의 형성은 속상하리만큼 긴 시간이 걸린다. 따라서 지금 어떤 인간 자원이 필요하다면 그것은 20년 전부터 투자해서 길러왔어야 하며, 20년 후에 어떤 인간 자원이 필요할 것이라면 지금 투자해서 기르기 시작해야 한다. 따라서 지금 어떤 인간 자원이 필요하다면 그것은 20년 전부터 투자해서 길러왔어야 하며, 20년 후에 어떤 인간 자원이 필요할 것이라면 지금 투자해서 기르기 시작해야 한다. 따라서 교육은 근본적으로 장기 투자 사업이다. 이 너무나도 명백한 이치를 정책가들은 너무나도 자주 잊어버린다.

또 하나의 시차성은 긴 세월 동안 교육하고 나면 그 효과는 그 후 10, 20, 30년 더 긴 세월을 두고 나타난다는 사실이다. 교육의 효과는 사람의 생애를 간다. 한 번 형성된 인간 자본은 기계 시설과 같은 물건 자본과는 달리 닳아서 못 쓰게 되는 감소 현상 없이 도리어 시간이 갈수록, 쓰면 쓸수록 증대되는 성질도 가지고 있다. 그래서도 시설 자본보다 인간 자본의 수익률이 유리할 수도 있다.

교육의 효과가 몇 십 년을 간다는 말은, 동시에 교육 안한 효과와 잘못 교육한 효과도 몇 십 년을 간다는 말도 된다. 지금 태반의 아이들이 초등학교를 못 다니고 있는 나라는 어느 정책가들이 아무리 발버둥 쳐도 20, 30년 내로 경제적 비약의 가망은 없다. 혹독한 입시 지옥 때문에 또 매년 몇 만의 재수생이 겪는 시련 때문에 어떤 성격상의 이지러짐이 생긴다면, 이 사회는 긴 세월 그 이지러진 성격들의 피해를 보아야 한다. 지금의 주입식 교육은 남보다 더 뒤처질 기술 수준의 내일을 예고한다. 교육 투자는 앞을 보고 해야 한다. 따

라서 교육은 역사적 가치와 미래 가치를 갖는다.

01 다음 〈보기〉는 본론의 내용을 요약한 것이다. ⓛ에 알맞은 것은?

> 보기
>
> 본론 : ㉠ 교육 투자의 시차성
>
> ⓛ _____
>
> ㉢ 부정적 교육 효과의 시차성

① 교육의 본질　　　　　　　　② 교육의 사회적 가치

③ 교육 효과의 시차성　　　　　④ 교육 투자의 부정적 사례

정답해설 본문의 4문단 '또 하나의 시차성은 ~ 성질도 가지고 있다.'의 내용은 교육 효과의 시차성에 대한 내용을 담고 있다.

02 다음 중 ㉮와 같은 의미로 사용된 것은?

① <u>사람</u>의 마음은 하루에도 열두 번 바뀐다.

② <u>사람</u> 위에 사람 없고, 사람 밑에 사람 없다.

③ <u>사람</u>은 낳아서 서울로 보내고 말은 낳아서 시골로 보내라.

④ <u>사람</u>답게 산다는 것이 그리 쉬운 것만은 아니다.

정답해설 ㉮는 '참된 인간', '제대로 된 인간'의 의미를 내포한다. 이와 유사한 의미를 지닌 것은 ④이다. '사람답다'는 '됨됨이나 하는 짓이 사람다운 맛이 있다.'라는 뜻을 지닌다.

03 윗글에 대한 비판으로 적절한 것은?

① 교육의 장기적 투자에 대한 구체적인 방법이 제시되어 있지 않다.
② 교육이 이 사회의 모든 병폐를 고칠 수 있다고 보고 있다.
③ 교육이 담당해야 할 사회적 역할에 대해 부정적이다.
④ 현 교육 정책가들에 대해 우호적인 태도를 보이고 있다.

> **정답해설** 윗글은 교육의 시차성을 고려하지 않는 현 교육 정책에 대해 비판적인 글이다. 교육은 장기적인 투자 사업이라고 주장하고 있으면서도 그에 대한 구체적인 방법이 뚜렷하게 제시되어 있지 않다.

1DAY
2DAY
3DAY

[04~05] 다음 주어진 글을 읽고 물음에 답하시오.

총 문항 수 : 2문항 | 총 문제풀이 시간 : 1분 20초 | 문항당 문제풀이 시간 : 40초

쿠바의 수도 아바나는 아메리카 대륙에서도 가장 긴 역사를 가진 도시다. 1514년에 건설이 시작되었고, 1607년에 수도가 되었다. 이는 뉴욕이나 워싱턴보다 훨씬 오래된 것이다. 현재는 쿠바 국민의 20%에 가까운 220만 명이 아바나에 거주하고 있다. 카리브 해 최대의 근대도시이자 정치 · 상공업 · 문화의 중심지인 이곳에는 여러 정부기관과 화력발전소, 석유정제소, 화학공장, 제지공장, 방적공장, 담배공장 등의 공업지대가 들어서있다. 뿐만 아니라 아바나에는 1992년에 유네스코로부터 세계문화유산으로 지정받은 바 있는, 식민지시대의 오랜 주택가도 남아있다.

지금 아메리카 대륙에서 가장 오래된 도시 아바나에 '도시농업'이라는 새로운 경관이 추가되고 있다. 더불어 새롭게 탄생한 도시농업을 중심으로 도시 한복판에 700헥타르나 되는 새로운 녹지공원을 만드는 '수도공원 프로젝트'와 1,700만 그루의 나무를 심어 도시 전체를 푸르게 만들려는 '나무의 녹화계획'도 추진되고 있다. 이제 아바나에는 석유가 부족해 움직이지 않던 차 대신 자전거가 거리를 누비고, 수입할 수 없게 된 의약품을 대신할 허브가 도시의 채소농장에서 자라고 있으며, 태양전지와 바이오 가스 같은 자연에너지가 시민의 생활을 뒷받침하고 있다.

특히 도시농업과 유기농업은 학교 교육에서도 다뤄진다. 초등학교의 수업 중에는 어린이들이 자연과 농업을 배우는 통합학습시간이 마련되어 있다. 또한 2001년 가을부터 새로 시작된 프로그램에 따라 초등학교 급식에 쓰일 유기농 채소가 도시농가에서 공급되고 있다. 수입 식료품에 의존했던 육식 중심의 음식문화를 채식 중심으로 바꾸는 캠페인도 진행되고 있다.

오늘날 우리가 살고 있는 지구는 이른바 세계화와 신자유주의 경제에 따른 국가 분업체제에 지배되고 있다. 그런데 이 지구는 생태학적으로 보면 사실 '폐쇄계'나 다름없다. 석유와 같은 지하자원도 언젠가는 고갈될 것이라는 사실을 생각하면 아바나 시민이 경험한 위기는 세계의 모든 도시가 머지않아 직면하게 될 사태의 예고편이라 할 수 있다. 다시 말해 쿠바는 특수한 정치상황 때문에 ㉠ 지구의 미래를 좀 더 일찍 경험하게 된 것이다.

04 이 글로 미루어 알 수 없는 사실은?

① 한 때 아바나에는 석유가 부족해 움직이지 못했던 차들이 있었다.
② 쿠바의 도시들은 도시농업을 통하여 자급자족의 경제 형태를 갖추고 있다.
③ 쿠바는 식민지시대를 겪었으나 지금은 독립했다.
④ '도시농업'은 대도시 안에서 이루어지는 농업형태를 말한다.

> **정답 해설** 지문에서 설명하고 있는 도시농업은 아바나에 국한된 것이다. 그러므로 지문만으로는 아바나 이외의 다른 도시들에서도 도시농업이 이루어지고 있는지, 또한 그것을 바탕으로 자급자족이 가능한지 알아 낼 수 없다.

05 밑줄 친 ㉠의 의미를 가장 바르게 해석한 것은 무엇인가?

① 과학적 합리주의를 바탕으로 한 물질문명의 퇴보
② 생태계 파괴로 인한 전 지구적 위기
③ 과학기술을 거부하는 자연회귀론자들의 득세
④ 자원이 고갈되고 산업시스템이 멈춰버린 상황

정답해설 앞부분의 문장인 '석유와 같은 지하자원도~예고편이라 할 수 있다.'를 통해 ㉠이 뜻하는 것을 알 수 있다.

[06~07] 다음 글을 읽고 추론할 수 있는 것을 고르시오.

총 문항 수 : 2문항 | 총 문제풀이 시간 : 1분 20초 | 문항당 문제풀이 시간 : 40초

06

나균은 1,600개의 제 기능을 하는 정상 유전자와 1,100개의 제 기능을 하지 못하는 화석화된 유전자를 가지고 있다. 이에 반해 분류학적으로 나균과 가까운 종인 결핵균은 4,000개의 정상 유전자와 단 6개의 화석화된 유전자를 가지고 있다. 이는 화석화된 유전자의 비율이 결핵균보다 나균에서 매우 높다는 것을 보여준다. 왜 이런 차이가 날까?

결핵균과 달리 나균은 오로지 숙주세포 안에서만 살 수 있기 때문에 수많은 대사과정을 숙주에 의존한다. 숙주세포의 유전자들이 나균의 유전자가 수행해야 하는 온갖 일을 도맡아 해주다 보니, 나균이 가지고 있던 많은 유전자의 기능이 필요 없게 되었다. 이에 따라 세포 내에 기생하는 기생충과 병균처럼 나균에서도 유전자 기능의 대량 상실이 일어나게 되었다.

유전자의 화석화는 후손의 진화 방향에 중요한 영향을 미친다. 기능을 상실하기 시작한 유전자는 복합적인 결함을 일으키기 때문에, 한번 잃은 기능은 돌이킬 수 없게 된다. 즉 유전자 기능의 상실은 일방통행이다. 유전자의 화석화와 기능 상실은 특정 계통의 진화 방향에 제약을 가하는 것이다. 이는 아주 오랜 시간이 흘러 새로운 환경에 적응하기 위해 화석화된 유전자의 기능이 필요하다고 하더라도 이 유전자의 기능을 잃어버린 종은 그 기능을 다시 회복할 수 없다는 것을 의미한다.

① 결핵균은 과거에 숙주세포 없이는 살 수 없었을 것이다.
② 현재의 나균과 달리 기생충에서는 유전자의 화석화가 일어나지 않았을 것이다.
③ 화석화된 나균 유전자의 대부분은 나균이 숙주세포에 의존하는 대사과정과 관련된 유전자일 것이다.
④ 어떤 균의 화석화된 유전자는 이 균이 새로운 환경에 적응하는 데 기능할 것이다.

둘째 단락에서 '나균은 오로지 숙주세포 안에서만 살 수 있기 때문에 수많은 대사과정을 숙주에 의존한다. 숙주세포의 유전자들이 나균의 유전자가 수행해야 하는 온갖 일을 도맡아 해주다 보니, 나균이 가지고 있던 많은 유전자의 기능이 필요 없게 되었다'라고 하였는데, 이를 통해 화석화된 나균 유전자는 대부분 나균이 숙주에 의존하는 대사과정과 관련된 유전자라는 것을 짐작할 수 있다. 따라서 ③은 글을 통해 추론할 수 있는 내용이다.

이 문제 중요!

07

두뇌 연구는 지금까지 뉴런을 중심으로 진행되어 왔다. 뉴런 연구로 노벨상을 받은 카알은 뉴런이 '생각의 전화선'이라는 이론을 확립하여 사고와 기억 등 두뇌에서 일어나는 모든 현상을 뉴런의 연결망과 뉴런 간의 전기 신호로 설명했다. 그러나 두뇌에는 뉴런 외에도 신경교 세포가 존재한다. 신경교 세포는 뉴런처럼 그 수가 많지만 전기 신호를 전달하지 못한다. 이 때문에 과학자들은 신경교 세포가 단지 두뇌 유지에 필요한 영양 공급과 두뇌 보호를 위한 전기 절연의 역할만을 가진다고 여겼다.

최근 과학자들은 신경교 세포에서 그 이상의 기능을 발견했다. 신경교 세포 중에도 '성상세포'라 불리는 별 모양의 세포는 자신만의 화학적 신호를 가진다는 것이 밝혀졌다. 성상세포는 뉴런처럼 전기를 이용하지는 않지만, '뉴런송신기'라고 불리는 화학물질을 방출하고 감지한다. 과학자들은 이러한 화학적 신호의 연쇄반응을 통해 신경교 세포가 전체 뉴런을 조정한다고 추론했다.

A 연구팀은 신경교 세포가 전체 뉴런을 조정하면서 기억력과 사고력을 향상시킨다고 예상하고서, 이를 확인하기 위해 인간의 신경교 세포를 갓 태어난 생쥐의 두뇌에 주입했다. 쥐가 자라면서 주입된 인간의 신경교 세포도 성장했다. 이 세포들은 쥐의 뉴런들과 완벽하게 결합되어 쥐의 두뇌 전체에 걸쳐 퍼지게 되었다. 심지어 어느 두뇌 영역에서는 쥐의 뉴런의 숫자를 능가하기도 했다. 뉴런과 달리 쥐와 인간의 신경교 세포는 비교적 쉽게 구별된다. 인간의 신경교 세포는 매우 길고 무성한 섬유질을 가지기 때문이다. 쥐에 주입된 인간의 신경교 세포는 그 기능을 그대로 간직한다. 그렇게 성장한 쥐들은 다른 쥐들과 잘 어울렸고, 다른 쥐들의 관심을 끄는 것에 흥미를 보였다. 이 쥐들은 미로를 통과해 치즈를 찾는 테스트에서 더 뛰어났다. 보통의 쥐들은 네다섯 번의 시도 끝에 올바른 길을 배웠지만, 인간의 신경교 세포를 주입받은 쥐들은 두 번 만에 학습했다.

① 인간의 뉴런 세포를 쥐에게 주입하면, 쥐의 두뇌에는 화학적 신호의 연쇄 반응이 더 활발해질 것이다.

② 인간의 뉴런 세포를 쥐에게 주입하면, 그 뉴런 세포는 쥐의 두뇌 유지에 필요한 영양을 공급할 것이다.

③ 인간의 신경교 세포를 쥐에게 주입하면, 그 신경교 세포는 쥐의 뉴런을 보다 효과적으로 조정할 것이다.

④ 인간의 신경교 세포를 쥐에게 주입하면, 그 신경교 세포는 쥐의 신경교 세포의 기능을 갖도록 변화할 것이다.

정답해설 셋째 단락의 실험 내용을 통해 ③의 내용을 추론할 수 있다. 즉, 셋째 단락의 'A 연구팀은 신경교 세포가 전체 뉴런을 조정하면서 기억력과 사고력을 향상시킨다고 예상하고서, 이를 확인하기 위해 인간의 신경교 세포를 갓 태어난 생쥐의 두뇌에 주입했다. … 이 세포들은 쥐의 뉴런들과 완벽하게 결합되어 쥐의 두뇌 전체에 걸쳐 퍼지게 되었다. 심지어 어느 두뇌 영역에서는 쥐의 뉴런의 숫자를 능가하기도 했다.'에서, 인간의 신경교 세포를 쥐에게 주입하는 경우 쥐의 뉴런을 효과적으로 조정하여 두뇌 능력을 향상시킬 수 있다는 것을 알 수 있다.

오답해설 ① 글의 내용으로 추론할 수 없는 내용이다. 제시문의 둘째 단락에서 신경교 세포 중 '성상세포'는 '뉴런 송신기'라고 불리는 화학물질을 방출하고 이러한 화학적 신호의 연쇄반응을 통해 신경교 세포가 전체 뉴런을 조정한다고 추론했다는 내용을 언급하고 있으며, 셋째 단락에서는 이를 검증하기 위해 인간의 신경교 세포를 생쥐의 두뇌에 주입하는 실험을 했다는 내용이 있다. 따라서 인간의 뉴런 세포를 쥐에게 주입하면 화학적 신호의 연쇄 반응이 활발해진다는 내용은 적절한 추론이라 할 수 없다.

② 첫째 단락에서 '신경교 세포가 단지 두뇌 유지에 필요한 영양 공급과 두뇌 보호를 위한 전기 절연의 역할만을 가진다.'라고 하였으므로, ②의 추론은 적절하지 않다.

④ 셋째 단락 후반부의 '쥐에 주입된 인간의 신경교 세포는 그 기능을 그대로 간직한다.'라는 내용과 배치되는 추론이다.

---

08 **다음 글을 읽고 추론한 내용으로 적절하지 않은 것은?**

선거 기간 동안 여론 조사 결과의 공표를 금지하는 것이 사회적 쟁점이 되고 있다. 조사 결과의 공표가 유권자 투표 의사에 영향을 미쳐 선거의 공정성을 훼손한다는 주장과, 공표 금지가 선거 정보에 대한 언론의 접근을 제한하여 알 권리를 침해한다는 주장이 맞서고 있기 때문이다.

찬성론자들은 먼저 '밴드왜건 효과'와 '열세자 효과' 등의 이론을 내세워 여론 조사 공표의 부정적인 영향을 부각시킨다. 밴드왜건 효과에 의하면, 선거일 전에 여론 조사 결과가 공표되면 사표(死票) 방지 심리로 인해 표심이 지지도가 높은 후보 쪽으로 이동하게 된다. 이와 반대로 열세자 효과에 따르면, 열세에 있는 후보자에 대한 동정심이 발동하여 표심이 그쪽으로 움직이게 된다. 각각의 이론을 통해 알 수 있듯이, 여론 조사 결과의 공표가 어느 쪽으로든 투표 행위에 영향을 미치게 되고 선거일에 가까워질수록 공표가 갖는 부정적 효과가 극대화되기 때문에 이를 금지해야 한다는 것이다. 이들은 또한 공정한 여론 조사가 진행될 수 있는 제반 여건이 아직은 성숙되지 않았다는 점도 강조한다. 그리고 금권, 관권 부정 선거와 선거 운동의 과열 경쟁으로 인한 폐해가 많았다는 것이 경험적으로도 확인되었다는 사실을 그 이유로 든다.

이와 달리 반대론자들은 무엇보다 표현의 자유를 실현하는 수단으로서 알 권리의 중요성을 강조한다. 알 권리는 국민이 의사를 형성하는 데 전제가 되는 권리인 동시에 국민 주권 실천 과정에 참여하는 데 필요한 정보와 사상 및 의견을 자유롭게 구할 수 있음을 강조하는 권리이다. 그리고 이 권리는 언론 기관이 '공적 위탁 이론'에 근거해 국민들로부터 위임받아 행사하는 것이므로, 정보에 대한 언론의 접근이 보장되어야 충족된다. 후보자의 지지도나 당선 가능성 등에 관한 여론의 동향 등은 이 알 권리의 대상에 포함된다. 따라서 언론이 위임받은 알 권리를 국민의 뜻에 따라 대행하는 것이기 때문에, 여론 조사 결과의 공표를 금지하는 것은 결국 표현의 자유를 침해하여 위헌이라는 논리이다. 또 이들은 조사 결과의 공표가 선거의 공정성을 방해한다는 분명한 증거가 제시되지 않고 있기 때문에 조사 결과의 공표가 선거에 부정적인 영향을 미친다는 점이 확실하게 증명되지 않았음도 강조한다.

우리나라 현행 선거법은 선거일 전 6일부터 선거 당일까지 조사 결과의 공표를 금지하고 있다. 선거 기간 내내 공표를 제한했던 과거와 비교해 보면 금지 기간이 대폭 줄었음을 알 수 있다. 이 점은 공표 금지에 대한 찬반 논쟁에 시사하는 바가 크다.

① 언론 기관이 알 권리를 대행하기도 한다.
② 알 권리는 법률에 의해 제한되기도 한다.
③ 알 권리가 제한되면 표현의 자유가 약화된다.
④ 공표 금지 기간이 길어질수록 알 권리는 강화된다.

정답해설 3문단의 여론 조사 결과의 공표를 금지하는 것은 결국 표현의 자유를 침해하여 위헌이라는 논리이므로 여론 조사 결과를 공표하는 것을 금지하는 것이 알 권리를 침해하는 것임을 알 수 있다. 따라서 공표 금지 기간이 길어질수록 알 권리는 약화된다.

오답해설 ① 3문단에서 언론 기관이 공적 위탁 이론에 근거해 국민들로부터 알 권리를 위임받아 행사한다고 언급하고 있다.

② 4문단에서 현행 선거법으로 특정 기간에 여론 조사 결과의 공표를 금지한다고 언급이 있으므로 법률에 의해 알 권리가 제한될 수도 있다고 해석할 수 있다.

③ 3문단에서 알 권리를 표현의 자유를 실현하는 수단이라고 하였고 언론이 위임받은 알 권리를 국민의 뜻에 따라 대행하는 것이기 때문이다. 여론 조사 결과의 공표를 금지하는 것은 결국 표현의 자유를 침해하는 위헌이라는 논리를 통해 알 권리가 제한되면 표현의 자유가 약화될 수 있음을 알 수 있다.

09 다음 빈칸에 들어갈 알맞은 속담 또는 사자성어는?

대중문화, 좁게 말해서 대중음악에 대한 편견은 아카데미즘이 지배하고 있는 대학이나 학문 세계에서 쉽게 찾아볼 수 있다. 그래서 대중음악에 대한 연구는 음악학자나 사회학자 모두에게 있어서 서로 미루는 대복이 되고 말았다. 음악학자는 대중음악에 대해서 음악적으로 분석할 가치가 없으며, 나머지 사회적 측면은 사회학자가 다루어야 한다고 미룬다. 반대로 사회학자는 음악적 측면을 배제한 채 가사를 분석하여 그 사회적 의미를 발견하거나 설문 조사 방법을 통하여 대중음악에 있어서의 취향의 분포를 통계적으로 조사해내는 데에 그치는 경우가 많다. 음악학과 사회학의 비협력 관계는 결국 대중음악의 본질에 대한 포괄적인 시각을 놓치게 하여 (   ) 식의 우를 범하게 만들었다.

① 장님 코끼리 만지기　　② 호박에 말뚝 박기
③ 나루 건너 배 타기　　④ 초상난 데 춤추기

정답해설 장님 코끼리 만지기 : 일부분을 알면서 전체를 아는 것처럼 여기는 어리석음을 뜻함

오답해설 ② 호박에 말뚝 박기 : 심술궂고 잔혹한 짓을 뜻함

③ 나루 건너 배 타기 : 무슨 일에나 순서가 있어 건너뛰어서는 할 수 없음을 이르는 말

④ 초상난 데 춤추기 : 때와 장소를 분별하지 못하고 경망스럽게 행동하는 경우를 이르는 말

[10~12] 다음 빈칸에 들어갈 알맞은 문장을 고르시오.

총 문항 수 : 3문항 | 총 문제풀이 시간 : 2분 | 문항당 문제풀이 시간 : 40초

10

우리는 꿈속에서 평소에는 억누르고 있던 내적 욕구나 콤플렉스를 민감하게 느끼고 투사를 통해 그것을 외적인 형태로 구체화한다. 예를 들어 전쟁터에서 살아 돌아온 사람이 몇 달 동안 계속해서 죽은 동료의 꿈을 꾸는 경우, 이는 그의 내면에 잠재해 있는, 그러나 깨어 있을 때는 결코 인정하고 싶지 않은 죄책감을 암시하는 것으로 볼 수 있다.

우리에게 꿈이 중요한 까닭은 이처럼 자신도 깨닫지 못하는 무의식의 세계를 구체적으로 이해할 수 있는 형태로 바꾸어서 보여 주기 때문이다. 우리는 꿈을 통해 그 사람의 잠을 방해할 정도의 어떤 일이 진행되고 있다는 것을 알 수 있을 뿐 아니라, 그 일에 대해서 어떤 식으로 대처해야 하는지 까지도 알게 된다. 그런 일은 깨어 있을 때에는 쉽사리 알아내기가 어렵다. 이는 따뜻하고 화려한 옷이 몸의 상처나 결점을 가려 주는 것과 마찬가지로, (   ) 우리는 정신이 옷을 벗기를 기다려 비로소 그 사람의 내면세계로 들어갈 수 있다.

① 잠이 콤플렉스의 심화를 막아주기 때문이다.

② 꿈이 정신의 질병을 예방하고 치료할 수 있기 때문이다.

③ 깨어 있는 의식이 내면세계의 관찰을 방해하기 때문이다.

④ 꿈은 내면에 잠재해 있는 죄책감을 암시해 주기 때문이다.

정답
해설
빈칸에는 앞 문장인 '그런 일을~알아내기가 어렵다.'라는 내용에 대한 이유나 근거가 들어가야 하는데 이는 결국 빈칸 바로 앞의 내용, 즉 '따뜻하고 화려한 옷이 상처나 결점을 가려주는 것'의 내용이 비유하는 것에 해당한다. 이러한 내용에 잘 부합하는 것은 ③으로, 따뜻하고 화려한 옷이 상처나 결점을 가려주는 것과 마찬가지로 깨어 있는 의식이 내면세계의 관찰을 방해하는 것이다.

🔊 이문제중요!★

11

> 부르디외는 권력관계와 그것을 기반으로 하는 사회질서가 생산, 지각, 경험되는 일상생활의 장을 '아비투스(habitus)'라고 불렀다. 아비투스는 자연스러운 사회적 실천을 추동하는 배경인 동시에 개인이 경험하는 사회화의 상호작용의 축적이라고 할 수 있다. 아비투스는 몸, 몸에 대한 사고, 몸짓, 행동양식, 자세 등을 형성한다. (   ) 아비투스는 사회질서에 어울리는 방식으로 행동할 수 있는 능력과 감각을 개인에게 부여하고, 사회적 필요에서 생긴 행위를 자연스러운 몸의 반응으로 전환시킨다. 흔히 자세나 표정, 감정, 행동양식, 취향 등에서 남성적이거나 여성적인 것으로, 혹은 겸손하거나 품위있는 것으로 여겨지는 많은 요소들은 계급질서나 성적 위계질서 등 결코 자연스럽지 않은 관계를 '자연스럽게' 경험하도록 만드는 것들이다. 이른바 상식이라는 이름하에 기존의 세계를 이미 주어진 당연한 것으로 받아들이는 것은, 제도화된 이념들에 의해 고착된 의식작용보다는 몸의 차원에서 일어난다.

① 아비투스는 선천적인 것이 아닌 후천적인 것이므로 육체를 통해 후대에 전할 수는 없다.
② 서로 다른 계층이나 집단 간의 지배관계가 지속되는 것은 몸이 특정한 사회적 기준에 적응하기 위해 과거의 기억과 행동들을 되풀이하여 스스로를 주어진 사회적 규율에 길들이기 때문이다.
③ 이렇게 해서 개인의 몸은 권력이 만들어내는 불평등한 사회관계를 수용하고 습득하고 반복한다.
④ 몸은 아비투스를 표현하는 매체일 뿐만 아니라 사회적 경험의 집적체로서 아비투스를 구성하는 요소이기도 하다.

> **정답해설** 앞의 문장에서 아비투스는 몸과 관련된 사고, 자세 등을 형성하며, 뒤에 문장에서 아비투스는 사회적 행위를 자연스러운 몸의 반응으로 전환시킨다고 언급하고 있으므로, 두 문장 사이에는 몸과 아비투스의 관계를 부연 설명하는 내용의 문장이 와야 한다.

12

탈근대사회의 특징은 해체(deconstruction)에 있다. 그러나 21세기 정보 사회의 핵심은 네트워킹(networking), 즉 연결에 있다. 그런데 참으로 흥미롭게도 탈근대사회의 물질적 토대를 구축하는 것이 바로 정보사회이다. 탈근대사회의 동력과 생명력은 바로 이 해체와 연결이라는 일견 상호 모순적으로 보이나 근본적으로는 상호 유기적인 두 역사적 과정이 만난다는 사실에 있다. (   )

그러므로 탈근대주의를 단순히 해체의 미학에만 탐닉하는 허무주의적 경향으로 매도해서는 안 된다. 다만 네트워크사회라는 새로운 질서는 대부분의 사람들에게 '메타-사회적 무질서'로 나타날 가능성이 높다. 왜냐하면 그것은 '우리 존재의 물질적 기반에 대한 문화적 자율성을 특징으로 하는 새로운 존재의 시작'이기 때문이다.

① 왜냐하면 탈근대사회는 정보사회의 일부로서 21세기의 한 축을 담당하게 될 것이기 때문이다.

② 왜냐하면 탈근대사회는 의사소통이 범위와 대상이 무한히 확장되는 '무한 의사소통사회'가 될 것이기 때문이다.

③ 왜냐하면 탈근대적으로 해체된 근대사회의 파편들은 네트워킹에 의해 연결되어 사회를 새롭게 재구성, 재형성할 수 있기 때문이다.

④ 왜냐하면 탈근대사회는 그것이 무엇이든지 원하는 대로 바로 연결되는 네트워크 사회의 기반 위에서 형성되는, 새로운 가능성의 세계이기 때문이다.

정답해설 앞의 문장에서 탈근대사회의 동력과 생명력은 해체와 연결 과정의 만남이라고 언급되었으므로 빈칸에는 그 만남이 어떻게 탈근대사회를 구성하고 유지하는지에 대해 제시하는 문장이 들어가야 한다.

13 다음 중 밑줄 친 ㉠과 유사한 사례로 가장 적절한 것은?

일반적으로 문화는 '생활양식' 또는 '인류의 진화로 이룩된 모든 것'이라는 포괄적인 개념을 갖고 있다. 이렇게 본다면 언어는 문화의 하위 개념에 속하는 것이다. 그러나 언어는 문화의 하위 개념에 속하면서도 문화 자체를 표현하여 그것을 전파 · 전승하는 기능도 한다. 이로 보아 언어에는 그것을 사용하는 민족의 문화와 세계인식이 녹아 있다고 할 수 있다. ㉠ 가령 '사촌'이라고 할 때, 영어에서는 'cousin'으로 통칭(通稱)하는 것을 우리말에서는 친 · 외 · 고종 · 이종 등으로 구분하고 있다. 친족 관계에 대한 표현에서 우리말이 영어보다 좀 더 섬세하게 되어 있는 것이다. 이것은 친족 관계를 좀 더 자세히 표현하여 차별 내지 분별하려 한 우리 문화와 그것을 필요로 하지 않는 영어권 문화의 차이에서 기인한 것이다.

1DAY 2DAY 3DAY

① 한국인들은 보편적으로 개가 짖는 소리를 '멍멍'으로 인식하지만 일본인들은 '왕왕'으로 인식한다.

② 쌀을 주식으로 했던 우리 민족은 '모, 벼, 쌀, 밥'이라는 네 개의 단어를 각각 구별하여 사용하지만, 그렇지 않았던 영어권에서는 이 네 가지 개념을 오직 'rice'라는 단어 하나로 표현한다.

③ 우리가 책이라 부르는 것을 미국인들은 'book', 중국인들은 '冊', 독일인들은 'buch'라는 말로 지칭한다.

④ 무지개의 색깔이 단지 '빨강, 주황, 노랑, 초록, 파랑, 남색, 보라' 일곱 개로 이루어져 있는 것만은 아니다.

> **정답해설** 밑줄 친 ㉠은 친족 관계를 중시하는 우리의 문화적 요소가 우리말에 반영되어 친족 관계에 대한 표현이 영어보다 섬세하게 분화되어 있다는 점을 보여주고 있다. 이는 쌀을 주식으로 했던 우리의 문화가 타 문화권에 비하여 쌀과 관련된 표현을 다양하게 만들었다는 사례와 가장 유사하다.

[14~15] 다음 문장을 읽고 순서에 맞게 배열한 것을 고르시오.

총 문항 수 : 2문항 | 총 문제풀이 시간 : 1분 20초 | 문항당 문제풀이 시간 : 40초

14

(가) 작가는 외부 사물의 묘사로 복잡한 심리 상태를 암시하기도 하고, 예상하지 못했던 극적인 반전으로 우리를 당황하게 하기도 한다.

(나) 소설 읽기는 삶의 의미를 발견하기 위한 일종의 여행으로, 우리를 안내하는 작가는 여러 가지 방법으로 우리의 여행을 돕는다.

(다) 그는 상황을 요약하여 제시해 줌으로써 우리의 수고를 덜어 주기도 하고, 개념적인 언어로 자신의 사상을 직접 피력하기도 한다.

(라) 그러나 집을 떠난 여행이 그렇듯이 소설을 읽는 여정 역시 순조롭지만은 않다.

① (나) – (다) – (라) – (가) 　　② (나) – (라) – (가) – (다)

③ (다) – (가) – (라) – (나) 　　④ (다) – (나) – (라) – (가)

(나) 소설 읽기를 여행에, 작가는 여행을 안내하는 사람에 빗대어 표현하고 있다.

(다) 여행의 안내자인 작가의 역할에 대해 설명하고 있다.

(라) 소설을 읽는 여정에 어려움도 있음을 제시하고 있다.

(가) 앞서 말한 어려움에 대해 구체적으로 설명하고 있다.

📢 이 문제 주의 ⭐

15

> (가) 근대 민법은 실질적으로 평등하고 자유로운 인간 생활을 확보하지는 못하였다.
>
> (나) 그러나 민법전의 규정만으로는 노동자들의 사회적 권리를 현실적으로 보호할 수 없었으며, 이는 사용자에 의한 노동자의 노동력 착취로 이어지게 되었다.
>
> (다) 그 원인은 근대 민법이 자본주의와 결합하는 과정에서 실질적 자유와 평등을 확보할 적절한 법 제도와 법 기술을 보유하지 못한 데서 찾을 수 있다.
>
> (라) 이 근대 민법에서는 사용자와 노동자를 평등한 인격체로 전제한다.
>
> (마) 이에 노동자의 생존권을 보호할 책임을 느낀 국가는 노동자에 대한 후견적 배려로서 여러 특별법적 조치를 마련하기에 이르렀다.

① (가) – (다) – (라) – (나) – (마)   ② (가) – (다) – (나) – (라) – (마)

③ (가) – (라) – (다) – (나) – (마)   ④ (가) – (라) – (나) – (다) – (마)

1DAY 2DAY 3DAY

정답해설

(가) 글 전체는 근대 민법에 대한 내용으로, 앞에 지시어나 접속어가 없는 (가)문장이 가장 처음에 오는 것이 자연스럽다.

(다) 근대 민법의 자유롭고 평등한 인간 생활을 확보하지 못한 이유에 대해 밝히고 있다.

(라) (가)와 (다) 이외의 문장은 모두 노동자와 관련된 내용인데, 근대 민법에서 전제하는 노동자의 성격에 대해 제시한 (라)문장이 (가)와 (다)를 제외하고 가장 앞에 와야 한다.

(나) '그러나'라는 접속어를 사용하여 근대 민법에서 전제하는 평등한 인격체로서의 노동자가 현실적으로 이루어질 수 없음에 대해 서술하고 있다.

(마) '이에'는 노동자의 사회적 권리가 보호받지 못하는 현실, 노동자의 노동력 착취를 지칭하는 것이다.

소요시간		채점결과	
목표시간	10분	총 문항수	15문항
실제 소요시간	( )분 ( )초	맞은 문항 수	( )문항
초과시간	( )분 ( )초	틀린 문항 수	( )문항

2DAY

문제해결
자료해석

문제해결 · 자료해석

1. 문제해결

기출유형분석

⏰ 문제풀이 시간 : 1분

▶ 다음 〈표〉는 '갑'팀 구성원(가~라)의 보유 역량 및 수행할 작업(A~G)과 작업별 필요 역량에 대한 자료이다. 이에 대한 설명으로 옳지 않은 것은?

〈표1〉 '갑'팀 구성원의 보유 역량

(○ : 보유)

구성원 역량	가	나	다	라
자기개발	○	○		
의사소통	○		○	○
수리활용		○		○
정보활용	○		○	
문제해결		○	○	
자원관리	○			
기술활용	○	○		
대인관계			○	○
문화이해	○		○	
변화관리	○	○	○	○

〈표2〉 수행할 작업과 작업별 필요 역량

(○ : 필요)

역량 작업	자기 개발	의사 소통	수리 활용	정보 활용	문제 해결	자원 관리	기술 활용	대인 관계	문화 이해	변화 관리
A			○					○		○
B					○			○	○	
C					○	○				
D		○		○		○				○
E	○				○					
F		○	○					○		
G		○					○			○

※ 각 작업별 필요 역량을 모두 보유하고 있는 구성원만이 해당 작업을 수행할 수 있음.

① '갑'팀 구성원 중 D작업을 수행할 수 있는 사람은 G작업도 수행할 수 있다.
② '갑'팀 구성원 중 A작업을 수행할 수 있는 사람이 F작업을 수행하기 위해서는 기존 보유 역량 외에 '의사소통' 역량이 추가로 필요하다.
③ '갑'팀 구성원 중 E작업을 수행할 수 있는 사람은 다른 작업을 수행할 수 없다.
④ '갑'팀 구성원 중 B작업을 수행할 수 있는 사람이 '기술활용' 역량을 추가로 보유하면 G작업을 수행할 수 있다.

> **정답해설** '갑'팀 구성원 중 A작업을 수행할 수 있는 사람은 수리활용, 대인관계, 변화관리 역량이 필요하다. 이 역량들을 모두 가지고 있는 사람인 '라'는 의사소통, 수리활용, 대인관계, 변화관리 역량을 가지고 있다. F작업을 수행하기 위해서는 의사소통, 수리활용, 대인관계의 역량들이 필요한데 '라'는 이미 '의사소통'역량을 가지고 있으므로 ②는 옳지 않다.
>
> 정답 ②

[01~02] 신도림역 인근에 거주하는 L사원은 매일 지하철로 출근을 한다. 다음은 수도권 지하철의 노선도 일부이다. 다음 자료를 읽고 물음에 답하시오.

총 문항 수 : 2문항 | 총 문제풀이 시간 : 2분 | 문항당 문제풀이 시간 : 1분

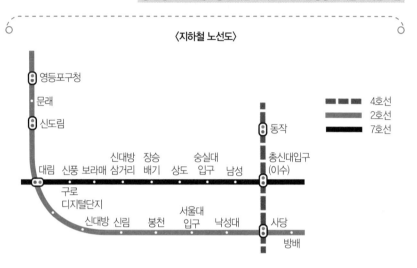

〈지하철 노선도〉

〈2호선 신도림역 시간표〉

상행(서울대입구 방면)	시간	하행(영등포구청 방면)
18 23 28 33 37 43 47	6	00 04 09 15 16 20 26
35 38 40 43 45 48 53	7	04 07 13 14 18 21
03 05 08 10 13 15 20 23 25	8	02 03 07 10 12 14 17 21 24

〈7호선 대림역 시간표〉

상행(총신대입구 방면)	시간	–
29 35 41 47 52 57	6	–
32 36 40 44 48 52 55 58	7	–
31 34 37 40 43 46	8	–

〈4호선 총신대입구(이수)역 시간표〉

–	시간	하행(사당 방면)
–	6	16 21 27 32 37 42 47

—	7	12 16 20 24 28 32 35
—	8	14 16 19 22 24 27 29

〈지하철 정보〉

• 2호선의 역과 역 사이의 소요시간은 5분이다.

• 4, 7호선의 역과 역 사이의 소요시간은 3분이다.

• 2호선과 7호선, 7호선과 4호선 간 환승에는 2분이 소요된다.

 이문제중요!★

01 L사원은 지하철로 이동하는 시간을 비교하여 지하철 노선을 선택하고자 한다. L사원은 신도림역에서 사당역까지의 이동시간이 가장 짧은 경로를 선택한다고 할 때, 다음 중 L사원이 선택할 노선과 소요시간으로 바르게 연결된 것은?

	경로	소요시간
①	2호선 신도림역 → 2호선 사당역	40분
②	2호선 신도림역 → 2호선 사당역	35분
③	2호선 신도림역 → 7호선 대림역 → 4호선 총신대입구역 → 4호선 사당역	36분
④	2호선 신도림역 → 7호선 대림역 → 4호선 총신대입구역 → 4호선 사당역	33분

정답해설

• 2호선 신도림역 → 2호선 사당역

8개역을 이동하므로, 8×5=40분이 소요된다.

• 2호선 신도림역 → 7호선 대림역 → 4호선 총신대입구역 → 4호선 사당역

2호선 신도림역 → 2호선 대림역 : 5분

2호선 대림역 → 7호선 대림역 환승시간 : 2분

7호선 대림역 → 7호선 총신대입구역 : 8개역을 이동하므로, 8×3=24분

7호선 총신대입구역 → 4호선 총신대입구역 환승시간 : 2분

4호선 총신대입구역 → 4호선 사당역 : 3분

5+2+24+2+3=36분이 소요된다. 따라서 ③이 바르게 연결되었다.

02 L사원은 다음 조건을 고려하여 회사까지 가고자 한다. 다음 시간 중 L사원이 회사에 도착하기 위해 신도림역에서 탑승해야 하는 시각은?

- 회사는 사당역에서 도보로 6분거리이다.
- L사원은 8시 30분~8시 35분 사이에 회사에 도착하려고 한다.
- L사원은 이동시간이 짧은 경로로 이동하려고 한다.
- L사원은 역에 도착하자마자 다음 지하철을 기다리지 않고 바로 탑승한다.
- 지하철 이동시간은 환승시간과 탑승시간만을 고려한다.

① 7시 43분　　　　　　　　② 7시 45분
③ 7시 48분　　　　　　　　④ 7시 53분

> **정답 해설**
> 7시 48분에 2호선 신도림역에서 탑승하면 7시 53분에 내리고, 7호선으로 환승하면 7시 55분, 24분 동안 타고 7호선 총신대입구역에 도착하면, 8시 19분이 된다. 4호선으로 환승하면 8시 21분이 되며 4호선 총신대입구역에서 8시 22분 열차 타고 4호선 사당역에 도착하면 37분이 걸려서 8시 25분에 도착한다. 역에서 회사까지 6분 동안 걸으면 8시 31분에 도착하므로 신도림역에서 탑승해야 하는 시각은 7시 48분이다.

[03~04] 다음 제시된 자료를 보고 물음에 답하시오.

총 문항 수 : 2문항 | 총 문제풀이 시간 : 2분 | 문항당 문제풀이 시간 : 1분

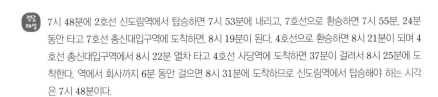

〈2020년 스캐너 구입 대상 비교 자료〉

구분	A스캐너	B스캐너	C스캐너
가격	200,000원	220,000원	240,000원
스캔 속도	60장/분	80장/분	100장/분

	120매 연속 스캔	양면 스캔 가능	양면 스캔 가능
주요 특징	• 120매 연속 스캔 • 카드 스캔 기능 • 소비전력 절약 모드 • 백지 스킵 기능 • 기울기 자동 보정 • 다양한 외관 색상 • 발열 방지 기능 • A/S 1년 보장	• 양면 스캔 가능 • 계약서 크기 스캔 • 타 제품보다 전력소모 절 반 이하 • PDF문서 활용 가능 • 다양한 소프트웨어 지원 • 기울기 자동 보정 • 발열 방지 기능 • A/S 2년 보장	• 양면 스캔 가능 • 150매 연속 스캔 • 다양한 크기 스캔 • 고속 스캔 가능 • 다양한 소프트웨어 지원 • 백지 스킵 기능 • 기울기 자동 보정 • 다양한 외관 색상 • A/S 3년 보장
제조사	독일 G사	미국 S사	한국 L사

📢 **이 문제 중요!**⭐

03 스캐너 구매를 담당하고 있는 P는 구입할 스캐너 기능을 확인하기 위해 사내 설문조사를 실시하였다. 조사 결과가 다음과 같을 때, P가 구매할 스캐너의 순서를 바르게 나열한 것은?(스캐너는 모두 **10대**를 구매할 예정이다.)

[스캐너 기능]
• 양면 스캔 기능
• 계약서 크기의 스캔 지원
• 100매 이상 연속 스캔 가능
• 스캔 시간의 단축
• 기울기 자동 보정 기능
• A/S 기간 장기(2년 이상 요망)
• 예산 사용 범위는 2,400,000원까지 가능

① A스캐너 → B스캐너 → C스캐너
② B스캐너 → A스캐너 → C스캐너
③ C스캐너 → A스캐너 → B스캐너
④ C스캐너 → B스캐너 → A스캐너

정답해설 설문조사에서 요구하는 기능과 각 스캐너의 충족 여부를 확인하면 다음과 같다.

양면 스캔 기능 : B스캐너, C스캐너

계약서 크기의 스캔 지원 : B스캐너, C스캐너

100매 이상 연속 스캔 가능 : A스캐너, C스캐너

스캔 시간의 단축(고속 스캔) : C스캐너

기울기 자동 보정 기능 : A스캐너, B스캐너, C스캐너

A/S 기간 장기(2년 이상 요망) : B스캐너, C스캐너

예산 사용 범위 : A스캐너, B스캐너, C스캐너

따라서 설문조사에서 요구하는 것을 모두 충족하는 C스캐너가 1순위가 되며, 5개를 충족하는 B스캐너가 2순위, 3개를 충족하는 A스캐너가 3순위가 된다.

04 위의 세 스캐너 중 구매 순위가 가장 높은 스캐너와 구매 순위가 가장 낮은 스캐너로 각각 3,600장을 스캔하는데 걸리는 시간차는 얼마인가?

① 15분

② 21분

③ 24분

④ 30분

정답해설 구매 순위가 가장 높은 스캐너는 C스캐너이며, 구매 순위가 가장 낮은 스캐너는 A스캐너이다.

C스캐너로 3,600장을 스캔하는 데는 '3,600÷100＝36(분)'이 소요되며, A스캐너로 스캔하는 데는 '3,600÷60＝60(분)'이 소요된다. 따라서 시간차는 '24분'이 된다.

[05~06] 다음 제시된 해외 원전사업처의 하계휴가 계획표를 보고 물음에 답하시오.

총 문항 수 : 2문항 | 총 문제풀이 시간 : 2분 | 문항당 문제풀이 시간 : 1분

⟨해외 원전사업처 휴가 규정⟩

• 이미 정해진 업무 일정은 조정이 불가능하다.

• 정보보안전략팀 소속 직원은 모두 6명이다.

- 사무실에는 최소 4명이 근무하고 있어야 한다.
- 휴가는 4일을 반드시 붙여 써야 하고, 주말 및 공휴일은 휴가 일수에서 제외한다.
- 휴가는 8월 중에 모두 다 다녀와야 한다.

〈표1〉 8월 달력

일	월	화	수	목	금	토
			1	2	3	4
5	6	7	8	9	10	11
12	13	14	15 광복절	16	17	18
19	20	21	22	23	24	25
26	27	28	29	30	31	

〈표2〉 개인별 일정

팀원	업무일정	희망 휴가일
임 부장	8월 28일 ~ 8월 31일 출장	8월 3일 ~ 8월 8일
주 과장	8월 1일 ~ 8월 2일 출장	8월 22일 ~ 8월 27일
안 과장	8월 1일 출장	8월 9일 ~ 8월 14일
윤 대리	8월 21일 ~ 8월 23일 교육	8월 28일 ~ 8월 31일
함 대리	8월 14일 출장	8월 16일 ~ 8월 21일
김 사원	8월 17일 ~ 8월 21일 교육	8월 8일 ~ 8월 13일

05 다음 주어진 해외 원전사업처 휴가 규정에 따라 희망 휴가 일정을 조율하고자 할 때, 동의를 구해야 할 팀원을 고르면?

① 임 부장   ② 주 과장
③ 안 대리   ④ 함 대리

정답해설 해외 원전사업처 팀원들의 업무 일정과 희망 휴가일을 8월에 표시해보면

일	월	화	수	목	금	토
			1 주 과장 출장 안 과장 출장	2 주 과장 출장	3 임 부장 휴가	4
5	6 임 부장 휴가	7 임 부장 휴가	8 김 사원 휴가 임 부장 휴가	9 김 사원 휴가 안 과장 휴가	10 김 사원 휴가 안 과장 휴가	11
12	13 김 사원 휴가 안 과장 휴가	14 안 과장 휴가 함 대리 출장	15 광복절	16 함 대리 휴가	17 함 대리 휴가 김 사원 교육	18
19	20 함 대리 휴가 김 사원 교육	21 함 대리 휴가 김 사원 교육 윤 대리 교육	22 윤 대리 교육 주 과장 휴가	23 윤 대리 교육 주 과장 휴가	24 주 과장 휴가	25
26	27 주 과장 휴가	28 윤 대리 휴가 임 부장 출장	29 윤 대리 휴가 임 부장 출장	30 윤 대리 휴가 임 부장 출장	31 윤 대리 휴가 임 부장 출장	

8월 21일에 3명이 자리를 비우므로 사무실에 최소 4명이 근무하고 있어야 한다는 규정을 어기게 된다. 따라서 이미 정해진 업무 일정은 조정이 불가능하므로 함 대리의 휴가 일정을 조정해야 한다.

06 다음 중 위의 문제에서 휴가 일정을 조정하게 된 팀원이 새롭게 희망 휴가일을 제출하였을 때, 적절한 날짜를 고르면?(단, 다른 팀원들의 일정이나 해당 팀원의 업무 일정에는 변화가 없다.)

① 8월 2일~8월 7일
② 8월 7일~8월 10일
③ 8월 13일~8월 17일
④ 8월 20일~8월 23일

 함 대리의 휴가 일정을 제외하고 8월 달력을 살펴보았을 때,
8월 2일 ~ 8월 7일
8월 16일
8월 24일 ~ 8월 27일
위의 날짜에는 사무실에 최소 4명이 근무하고 있어야 한다는 규정을 만족한다.
이때 휴가는 4일을 반드시 붙여 써야 하므로 모두 만족하는 날짜는 '8월 2일 ~ 8월 7일'이다.

07 다음 글을 근거로 판단할 때, '갑'기업의 신입직원 7명(A~G)의 부서 배치 결과로 옳지 않은 것은?

'갑'기업에서는 신입직원 7명을 선발하였으며, 신입직원들을 각 부서에 배치하고자 한다. 각 부서에서 요구한 인원은 다음과 같다.

정책팀	재정팀	홍보팀
2명	4명	1명

신입직원들은 각자 원하는 부서를 2지망까지 지원하며, 1, 2지망을 고려하여 이들을 부서에 배치한다. 먼저 1지망 지원부서에 배치하는데, 요구인원보다 지원인원이 많은 경우에는 입사성적이 높은 신입직원을 우선적으로 배치한다. 1지망 지원부서에 배치되지 못한 신입직원은 2지망 지원부서에 배치되는데, 이때 역시 1지망에 따른 배치 후 남은 요구인원보다 지원인원이 많은 경우 입사성적이 높은 신입직원을 우선적으로 배치한다. 1, 2지망 지원부서 모두에 배치되지 못한 신입직원은 요구인원을 채우지 못한 부서에 배치된다. 신입직원 7명의 입사성적 및 1, 2지망 지원부서는 아래와 같다. A의 입사성적만 전산에 아직 입력되지 않았는데, 82점 이상이라는 것만 확인되었다. 단, 입사성적의 동점자는 없다.

신입직원	A	B	C	D	E	F	G
입사 성적	?	81	84	78	96	80	93
1지망	홍보	홍보	재정	홍보	재정	정책	홍보
2지망	정책	재정	정책	정책	홍보	재정	정책

① A의 입사성적이 91점이라면, A는 정책팀에 배치된다.
② A의 입사성적이 95점이라면, A는 홍보팀에 배치된다.
③ B와 C는 재정팀에 배치된다.
④ D는 정책팀에 배치된다.

정책팀에는 2명이 배치될 수 있는데, 한 자리는 1지망인 F가 우선 배치된다. 남은 한 자리는 성적이 D보다 좋은 A와 G 중에서 홍보팀에 배치되지 못한 한 명이 배치된다. 따라서 D는 정책팀에 배치될 수 없고, 요구인원을 채우지 못한 재정팀에 배치된다.

① A의 입사성적이 91점이라면, G가 A보다 성적이 더 높기 때문에 G가 홍보팀에 배치되며, A는 2
지망인 정책팀에 배치된다.
② A의 입사성적이 95점이라면, A가 G보다 성적이 더 높기 때문에 A가 홍보팀에 배치된다.
③ 1지망자인 E와 C가 재정팀에 배치되며, 2지망자 중 성적이 좋은 B가 재정팀에 배치된다. 따라서
B와 C는 재정팀에 배치된다고 할 수 있다.

08 다음은 어떤 음료 기업에 대한 SWOT 분석이다. 주어진 환경 분석에 대응하는 전략과 내용의 연결이 적절하지 않은 것은?

강점(Strength)	약점(Weakness)
• 높은 브랜드 가치 • 세계적인 경쟁력을 갖춘 음료 회사 • 강력한 마케팅 및 광고	• 탄산음료에 치중 • 다각화 부족 • 부정적인 평판
기회(Opportunity)	위협(Threat)
• 음료 소비 성장세 • 생수 수요 증가 • 생산 재료 가격의 하락	• 경쟁 기업의 음료를 선호하는 수요 증가 • 탄산음료 산업에서의 경쟁 심화 • 국가별로 강력한 현지 브랜드 존재

① SO전략(강점 · 기회전략) : 자사 음료에 대한 광고 확대를 통해 경쟁 기업의
음료보다 우위를 확보
② ST전략(강점 · 위협전략) : 세계적인 경쟁력과 브랜드 가치를 통한 현지 브랜
드를 압도하는 전략을 추진
③ WO전략(약점 · 기회전략) : 생수 생산 5개년 증대전략을 통해 주력 품목의 다
각화를 추구
④ WT전략(약점 · 위협전략) : 기업 이미지 개선 전략을 통해 탄산음료 산업에
서의 경쟁력 유지 · 확보

정답
해설 자사 음료에 대한 강력한 마케팅이나 광고를 확대하여 경쟁 기업의 음료 선호보다 우위를 확보하는 전
략은 ST전략(강점 · 위협전략)에 해당한다.

② 자사의 높은 브랜드 가치와 세계적인 경쟁력을 통해 현지 고유 브랜드를 압도하는 전략을 추진하는 것은 ST전략(강점·위협전략)에 해당한다.

③ 생수 수요 증가에 따라 생산을 증대하는 전략을 통해 주력 품목을 다각화함으로써 다각화 부족 문제를 해결하고자 하는 것은 WO전략(약점·기회전략)에 해당한다.

④ 기업의 부정적인 평판을 극복하기 위해 이미지 개선 전략을 통해 탄산음료 산업에서의 경쟁력을 유지·확보하는 것은 WT전략(약점·위협전략)에 해당한다.

🔊 이문제중요!★

09 다음은 A팀 강대리와 박팀장의 메신저 내용이다. 둘의 대화를 통해 다음 주 전체 회의 때 사용해야 할 가장 적합한 회의실을 보기에서 고르면?

박팀장 : 안녕하세요. 영업팀 박팀장 입니다. 다음 주에 있을 전체 회의건 때문에 연락 드렸습니다.

강대리 : 네 안녕하세요. 자세하게 어떤 부분 때문에 그러세요?

박팀장 : 전체회의에 참석 인원은 총 몇 명인지 알 수 있을까요?

강대리 : 저희 마케팅팀 12명과 외부 팀 10명이 참석 가능합니다.

박팀장 : 그렇군요. 혹시 미리 준비해야 할 물품들이 있나요?

강대리 : 이번 회의가 9:00~16:00까지 길어서 중간에 점심시간이 포함되어 있습니다. 그래서 차량을 준비해주셔야 합니다. 그리고 빔프로젝트가 있는지도 확인해주셔야 합니다.

박팀장 : 그럼 빔프로젝트 비용과 교통비도 생각해야겠네요.

강대리 : 네. 회사에서 이번 회의 관련해서 총 60만 원까지 지원해 준다고 하던데, 그럼 회의실 대여료는 얼마정도 생각하고 계세요?

박팀장 : 식사비는 30만 원, 교통비는 12만 원, 빔프로젝트 대여료 5만 원 정도 잡으면 될 것 같습니다. 그리고 회의실에 놓을 음료와 쿠키도 조금 준비해야 하니까 그 비용은 8만 원 정도로 생각하면 나머지를 대여료로 사용해야겠네요.

강대리 : 어떤 곳은 다과 준비와 빔프로젝트를 무료로 대여해주는 회의실이 있는 걸로 알아요.

박팀장 : 아 정말요? 한 번 알아봐야겠네요.

강대리 : 혹시 또 궁금한 거 있으면 언제든지 물어보세요.

박팀장 : 네 감사합니다. 강대리님.

회의실 대관정보

회의실	수용인원	대관요금		특징
		종일	반일(오전/오후/야간)	
A실	20	90,000	60,000	
B실	25	100,000	80,000	다과 제공 빔프로젝트 유료대여 (50,000)
C실	25	120,000	90,000	빔프로젝트 무료대여
D실	30	170,000	140,000	다과 제공 빔프로젝트 무료대여

① A실   ② B실
③ C실   ④ D실

사람의 대화를 통해 회의실이 갖춰야 할 조건이 무엇인지 정리해보면 회의실 수용인원은 총 22명이고, 9:00~16:00동안 회의를 진행하므로 종일 빌려야 하며, 빔프로젝트와 다과가 제공되는 곳일수록 좋다. 또한 회사 지원금이 60만원이고 식사비 30만원, 교통비 12만원, 빔프로젝트 대여비 5만원, 다과 준비 8만원이다.

① A실 : 수용인원이 맞지 않는다.

② B실 : 100,000(회의실)＋300,000(식대)＋120,000(교통비)＋50,000(빔프로젝트)＋0(다과)
　　　＝570,000원

③ C실 : 120,000(회의실)＋300,000(식대)＋120,000(교통비)＋0(빔프로젝트)＋80,000(다과)
　　　＝620,000원

④ D실 : 170,000(회의실)＋300,000(식대)＋120,000(교통비)＋0(빔프로젝트)＋0(다과)
　　　＝590,000원

따라서 지원금 600,000원에 적합한 곳은 B실과 D실인데 둘 중 더 저렴한 곳은 B실이다.

10 다음 〈표〉는 A기업 직원의 직무역량시험 영역별 점수 상위 5명의 자료이다. 이에 대한 〈보기〉의 설명 중 옳지 않은 것을 모두 고른 것은?

〈표〉 A기업 직원의 직무역량시험 영역별 점수 상위 5명

(단위 : 점)

순위	논리		추리		윤리	
	이름	점수	이름	점수	이름	점수
1	하선행	94	신경은	91	양선아	97
2	성혜지	93	하선행	90	박기호	95
3	김성일	90	성혜지	88	황성필	90
4	양선아	88	황성필	82	신경은	88
5	황성필	85	양선아	76	하선행	84
⋮	⋮	⋮	⋮	⋮	⋮	⋮

※ 1) A기업 직원 중 같은 이름을 가진 직원은 없음.
　 2) 전체 순위는 '총점(세 영역 점수의 합)'이 높은 순서대로 정함.
　 3) A기업 직무역량 시험 영역은 논리, 추리, 윤리로만 구성됨.
　 4) A기업 직원 전체는 세 영역에 모두 응시함.

보기

ㄱ. A기업 직원 중 총점이 가장 높은 직원은 하선행이다.
ㄴ. 양선아는 총점을 기준으로 A기업 전체 순위 2위이다.
ㄷ. 신경은의 총점은 260점을 초과하지 못한다.
ㄹ. A기업 직무역량시험의 시험 합격 최저점이 총점 기준 251점이라면 김성일은 불합격이다.

① ㄱ, ㄴ　　　　　　　② ㄴ, ㄷ
③ ㄱ, ㄹ　　　　　　　④ ㄷ, ㄹ

정답해설 상위 5명에 대한 총점을 계산해보면,
하선행 : 94＋90＋84＝268
성혜지 : 93＋88＝181, 윤리점수는 84점 미만이므로, 총점은 265점 미만이다.

김성일 : 논리 점수 90점, 추리 76점 미만, 윤리 84점 미만이므로 총점은 250점 미만이다.

양선아 : 88＋76＋97＝261, 황성필 : 85＋82＋90＝257

신경은 : 91＋88＝179, 논리가 85점 미만이므로 총점은 264점 미만이다.

ㄴ. 표에 제시된 점수로만 총합을 구해보면 양선아의 총점은 261점으로 하선행 다음으로 2위라고 생각하기 쉽지만, 성혜지의 윤리 점수가 83점이라면 총점은 264점이 되므로, A기업 전체 순위 2위라고 말할 수 없다.

ㄷ. 신경은의 논리 점수가 85점 미만이므로 총점은 264점 미만이기에 260점을 초과하지 못한다고 말할 수 없다.

ㄱ. 하선행은 총점 268점으로 총점이 가장 높은 직원이다.

ㄹ. 김성일은 논리 점수 90점, 추리 76점 미만, 윤리 84점 미만이므로 총점은 250점 미만이다. 따라서 합격 최저 점수가 251점이라면 김성일은 불합격이다.

[11~12] 다음 주어진 구청의 대관 일정과 안내를 보고 물음에 답하시오.

총 문항 수 : 2문항 | 총 문제풀이 시간 : 2분 | 문항당 문제풀이 시간 : 1분

〈사용허가 대상 시설물〉

구분	위치	규모(m^2)	좌석수	기본 사용료
A 대강당	구청사 1층	320	200	300,000/회
B 대강당	구청사 2층	184	150	100,000/회
C 대강당	구청사 외부 2층	120	80	80,000/회

〈사용시간〉

구분	시간
1회차	09:00~13:00
2회차	13:00~17:00
3회차	17:00~21:00
종일권	09:00~21:00

※ 종일권의 경우 1회~3회차 사용료를 모두 합한다.

〈6월 1일~16일 대관 일정〉

일	월	화	수	목	금	토
					1 •A 대강당 2회차 •C 대강당 3회차	2
3	4 •B 대강당 종일권	5 •A 대강당 1회차	6 현충일	7 •A 대강당 종일권 •C 대강당 1회차, 2회차	8 •A 대강당 종일권 •B 대강당 3회차 9	9
10	11 •B 대강당 1회차, 3회차	12	13 •A 대강당 종일권 •B 대강당 종일권 •C 대강당 종일권	14 •B 대강당 2회차, 3회차	15 •B 대강당 1회차 •C 대강당 종일권	16

※ 토요일과 공휴일은 휴관이다.

11 어느 회사에서는 신입 사원 교육을 위해 구청 대강당 강의실을 대관하려고 한다. 신입 사원 교육의 참석자가 총 125명이고, 교육은 6월 1일~16일 중 금요일 오전 10시부터 오후 4시까지 진행될 때, 다음 중 가능한 날과 강의실이 알맞게 짝지어진 것은?

① 6월 1일 A 대강당

② 6월 8일 B 대강당

③ 6월 8일 C 대강당

④ 6월 15일 B 대강당

정답 해설 신입 사원 교육의 참석자가 총 125명이므로 A 대강당, B 대강당만 수용가능하고 오전 10시부터 오후 4시까지 진행하므로 1회차와 2회차를 이어서 이용하든지, 종일권을 이용해야 한다.

따라서 6월 8일은 B 대강당이 3회차에만 대관이 있으므로 1회차와 2회차를 이어서 이용하면 교육을 진행할 수 있다.

1DAY

2DAY

3DAY

① 6월 1일 A 대강당은 이미 2회차에 일정이 있으므로 대관할 수 없다.
③ 6월 8일 C 대강당은 125명을 수용할 수 없다.
④ 6월 15일 B 대강당은 이미 1회차에 일정이 있으므로 대관할 수 없다.

12 6월 1일~16일의 기간 동안 C 대강당 대관을 통해 해당 구청이 받은 사용료는 총 얼마인가?

① 2,700,000원

② 1,000,000원

③ 900,000원

④ 720,000원

 6월 1일~16일 기간 동안 C 대강당을 이용한 내역을 살펴보면
1일 : 3회차
7일 : 1회차, 2회차
11일 : 종일권
15일 : 종일권
종일권의 경우 1회~3회차 사용료를 모두 합하므로 C 대강당은 해당 기간 동안 총 9회 대관되었다.
따라서 C 대강당의 사용료는 1회에 80,000원이므로
∴ 9×80,000＝720,000원

13 다음은 각 도시 간의 물류비용을 〈표〉로 나타낸 것이다. A시에서 출발하여 F시까지 10톤의 화물을 운송한다고 할 때 최소비용으로 갈 수 있는 루트는?

〈표〉 각 도시간 물류비용 행렬표

(단위 : 만 원/톤)

	A	B	C	D	E	F
A	−	7	6	∞	∞	∞
B	7	−	∞	10	3	6

C	6	∞	—	∞	7	∞
D	∞	10	∞	—	∞	4
E	∞	3	7	∞	—	1
F	∞	6	∞	4	1	—

※ ∞는 비용이 무한히 소요된다는 것을 의미함.

① A → B → F
② A → B → D → F
③ A → B → E → F
④ A → C → E → F

정답해설 ①~④의 루트를 이용했을 때의 비용을 구하면 다음과 같다.
① A → B → F : 7+6=13
② A → B → D → F : 7+10+4=21
③ A → B → E → F : 7+3+1=11
④ A → C → E → F : 6+7+1=14
따라서 A시에서 출발하여 F시까지 최소비용의 경로는 A → B → E → F를 이용하는 ③이다.

 이문제중요★

14 다음은 한 회사의 〈사업 지출 조건〉과 〈물품 목록〉에 대한 내용이다. 이를 토대로 판단할 때 경영지원부의 사업을 위해 허용되는 사업비 지출 품목만을 모두 고른 것은?

〈지출 조건〉
경영지원부는 직원을 대상으로 한 서비스 영상교육 사업을 운영하고 있다. 원칙적으로 사업비는 사용목적이 '사업 진행'인 경우에만 지출할 수 있다. 다만 다음 중 어느 하나에 해당하면 예외적으로 허용된다. 첫째, 품목당 단가가 10만 원 이하로 사용목적이 '서비스제공'인 경우에 지출할 수 있다. 둘째, 사용연한이 1년 이내인 경우에 지출할 수 있다.

〈필요 물품 목록〉

품목	단가(원)	사용목적	사용연한
영상 시연 설비	480,000	사업 진행	2년
영상 프로그램 대여	350,000	교육 보고서 작성	10개월
전용 책상	110,000	서비스 제공	5년
컴퓨터	980,000	서비스 제공	3년
클리어파일	2,000	보고서 보관	2년
블라인드	99,000	서비스 제공	5년

① 영상 프로그램 대여, 전용 책상, 클리어파일
② 영상 시연 설비, 전용 책상, 컴퓨터, 블라인드
③ 영상 프로그램 대여, 클리어파일, 블라인드
④ 영상 시연 설비, 영상 프로그램 대여, 블라인드

정답해설 사용목적이 '사업 진행'인 경우에만 사업비를 지출할 수 있다고 했으므로, '영상 시연 설비'에 사업비가 지출된다는 것을 알 수 있다. 그리고 예외적 조건 중 품목당 단가가 10만 원 이하로 사용목적이 '서비스 제공'인 경우에 지출할 수 있다고 했으므로, 블라인드에 사업비가 사용된다는 것을 알 수 있다. 또한 사용연한이 1년 이내인 경우에 지출할 수 있다고 했으므로, 영상 프로그램 대여에 사업비가 지출된다. 따라서 사업비가 지출되는 품목은 '영상 시연 설비', '블라인드', '영상 프로그램 대여' 3가지이다.

15 다음의 〈기준〉과 〈상황〉을 근거로 판단할 때, A회사의 직원 '갑'이 6월 출장여비로 받을 수 있는 총액은?

〈여비 관련 기준〉
• 출장여비 기준 : 출장여비는 출장수당과 교통비의 합이다.
  1) 대전시 출장
    - 출장수당 : 1만 원
    - 교통비 : 3만 원

2) 대전시 이외 출장
  - 출장수당 : 2만 원(13시 이후 출장 시작 또는 15시 이전 출장 종료 시 1만 원 차감)
  - 교통비 : 4만 원
• 출장수당의 경우 업무추진비 사용 시 1만 원이 차감되며, 교통비의 경우 공용차량 사용 시 1만 원이 차감된다.

〈상황〉

직원 '갑'의 6월 출장 내역	출장지	출장 시작 및 종료 시각	비고
출장1	대전시	14시~16시	공용차량 사용
출장2	인천시	14시~18시	
출장3	광주시	9시~16시	업무추진비 사용

① 9만 원   ② 11만 원
③ 13만 원   ④ 15만 원

정답해설 출장으로 갑이 받게 될 출장여비를 살펴보면 다음과 같다.
출장 1 : 출장수당 1만 원＋교통비 3만 원－공용차량 사용 1만 원＝3만 원
출장 2 : 출장수당 2만 원＋교통비 4만 원－13시 이후 출장 시작 1만 원＝5만 원
출장 3 : 출장수당 2만 원＋교통비 4만 원－업무추진비 사용 1만 원＝5만 원

16 한 회사의 부서들이 분기별 프로젝트를 나누어 맡게 되었는데, A부서에서 1분기 프로젝트를 맡게 되었다. A부서는 예산을 책정 받아 프로젝트 개발에 필요한 기자재를 구입하고 운영하고자한다. 이때 고려해야 할 사항으로 옳지 않은 것은?

① 구입한 기자재를 적절한 장소에 보관하여 필요 시 적재적소에 활용될 수 있도록 한다.
② 구입한 기자재의 훼손이나 분실을 방지하기 위해 책임관리자를 둔다.

③ 구매하려는 기자재의 구입 목적을 분명히 하여야 한다.

④ 책정된 기자재 구입 예산 범위 내에서 필요할 것으로 예상되는 기자재를 모두 구입한다.

정답해설 물적자원의 경우 구입 과정에서 분명한 목직 없이 구입한 경우 관리가 소홀해질 수밖에 없으므로, 필요할 것으로 예상되는 기자재를 책정된 구입 예산 범위에서 모두 구입하는 것은 바람직하지 않다.

오답해설
① 보관 장소를 파악하지 못하는 경우 물적자원을 적재적소에 활용할 수 없게 되므로, 기자재를 적절한 장소에 보관하여 제대로 활용될 수 있도록 해야 한다.
② 물적자원이 고장·훼손된 경우와 분실한 경우는 적절한 활용을 어렵게 하는 요인이므로, 기자재가 훼손되거나 분실되지 않도록 관리하는 책임관리자를 두는 것도 고려사항이 된다.
③ 분명한 목적 없이 구입한 물적자원은 관리가 소홀해져 활용에 어려움을 겪을 수 있다. 따라서 구매하려는 기자재를 구입 목적을 분명히 할 필요가 있다.

17 한국은 LA보다 16시간 빠르고, 런던은 한국보다 8시간 느릴 때, 다음의 비행기가 현지에 도착할 때의 시간(㉠·㉡)으로 모두 맞는 것은?

구분	출발 일자	출발 시간	비행 시간	도착 시간
LA행 비행기	3월 2일	11:10	14시간 50분	㉠
런던행 비행기	3월 3일	22:25	11시간 5분	㉡

	㉠	㉡
①	3월 2일 10시	3월 3일 1시 30분
②	3월 2일 10시	3월 4일 1시 30분
③	3월 3일 2시	3월 3일 1시 30분
④	3월 3일 2시	3월 4일 1시 30분

정답해설 ㉠ LA행 비행기는 한국 시간으로 3월 2일 11시 10분에 출발하므로, 14시간 50분 동안 비행하여 현지에 도착하는 시간은 3월 3일 2시이다. 한국 시간이 LA보다 16시간 빠르므로, 현지 도착 시간은 3월 2일 10시이다.

ⓒ 런던행 비행기는 한국 시간으로 3월 3일 22시 25분에 출발하며, 11시간 5분 동안 비행하여 현지
에 3월 4일 9시 30분에 도착한다. 한국 시간이 런던보다 8시간이 빠르므로, 현지 도착 시간은 3월
4일 1시 30분이 된다.
따라서 현지 도착 시간으로 모두 맞는 것은 ②이다.

18   한 회사의 워크숍에 참석한 팀원들이 서로의 직장생활에 대해 아래와 같은 대화를 나누고 있다. 다음 중 각 사원의 직장생활을 평가한 내용으로 가장 적절하지 않은 것은?

A사원 : 나는 근무 중 SNS를 자주 확인하는 편이야. 대신 내가 맡은 일은 꼭 끝내야 한다는 책임감이 있어서 야근을 해야 하는 날이 많아.

B사원 : 나는 주어진 업무는 신속히 하려고 해. 빨리 끝내면 그 시간만큼 다른 개인적 업무도 할 수 있지.

C사원 : 나는 동료들과의 관계가 회사 생활에서 무척 중요하다고 생각해. 그래서 업무를 끝내지 못해도 저녁 회식에는 빠지지 않고 참석하지.

D사원 : 나는 업무시간에 개인적인 업무를 하지 않고 주로 퇴근 후에 하는 편이야. 그래서 회식에 잘 가지 못해.

① A사원은 사적인 일로 인해 야근을 해야 하는 경우가 많으므로, 적절한 근무 자세라 할 수 없다.

② B사원의 경우 업무를 신속히 처리하더라도 남은 근무시간에 개인적 업무를 하는 것은 바람직한 근무 태도라 할 수 없다.

③ C사원은 동료들과의 관계를 무척 중요시하므로, 저녁 회식에 빠지지 않고 참석하는 것은 적절한 행동으로 볼 수 있다.

④ D사원은 회사 업무에 피해를 주지 않으려 하기 때문에 저녁 회식에 참석하지 못하는 것으로 볼 수 있다.

정답 해설 C사원의 경우 동료들과의 관계를 무척 중시하는 것에는 문제가 없으나, 업무를 끝내지 못해도 저녁

회식에는 빠지지 않고 참석하는 것을 적절하다고 보기는 어렵다. 저녁 회식에 꼭 참석하려는 경우에는 근무 시간에 더 열심히 하여 업무를 마무리하고 참석하는 것이 바람직하다.

① SNS를 확인하는 것은 사적인 일에 해당하므로, 이로 인해 야근이 잦은 경우를 적절한 근무 태도라 할 수는 없다.

② 업무를 빨리 끝내는 경우라 하더라도 근무시간에 개인적 업무를 하는 것은 바람직하지 않다.

④ D사원이 업무시간에 개인적인 업무를 하지 않는 것은 회사 업무에 피해를 주지 않기 때문이라 할 수 있다. 따라서 적절한 평가라 할 수 있다.

[19~21] 다음은 한 프린터 회사의 제품 시리얼 넘버 생성표이다. 프린터의 종류, 모델, 색상, 생산 공장, 생산 넘버 순으로 각각의 코드를 연결하여 시리얼 넘버를 생성한다고 할 때, 다음 물음에 답하시오.

총 문항 수 : 3문항 | 총 문제풀이 시간 : 3분 | 문항당 문제풀이 시간 : 1분

종류		모델		색상		생산 공장		생산 넘버
코드	명칭	코드	명칭	코드	색상명	코드	지역	
L	레이저	TI	토닉	SI	은색	010	구로	
		W1	윈드밀	BK	검정색	011	수원	
		T2	트윈젯	WH	흰 색	012	인천	생산된 순서대로 00001~99999 까지 차례로 번호가 부여됨
I	잉크젯	M1	모건	OR	주황색	013	안산	
		B1	베이커	RD	빨간색			
		E1	엑스젯	YE	노란색			
C	복합기	Z1	제트					
		B2	브릭스					
		E2	이지젯					

※ 예 구로 공장에서 첫 번째로 생산된 은색 레이저 토닉 프린터 : L - T1 - SI - 010 - 00001

19 다음 중 인천 공장에서 생산된 흰색 잉크젯 베이커 프린터의 시리얼 넘버는 무엇인가?

① IE1WH01203200 ② LB1WH012005206

③ IB1WH01210820 ④ IBIWH01012035

 인천에서 생산된 흰색 잉크젯 베이커 프린터이므로, 'I−B1−WH−012'가 들어가야 한다. 따라서 ③이 옳다.

20 다음 중 시리얼 넘버가 'LT2YE01110065'인 제품과 종류 및 생산 공장, 모델명이 같은 것은?

① LT1SI01125000 ② IT2RD01100246

③ LT2YE01013898 ④ LT2BK01120116

 시리얼 넘버가 'LT2YE01110065'인 제품의 종류는 레이저 프린터(L)이고 생산 공장은 수원 (011)이며, 모델명은 트윈젯(T2)이다. 이와 같은 종류 및 생산 공장, 모델명이 모두 같은 것은 ④ (L, T2, 011)이다.

21 1,000번째 생산된 제품을 찾으려고 하는데, 색상이 주황색인 복합기 라는 것 외에는 정보가 없다. 다음 중 그 제품으로 가장 알맞은 것은?

① CE2OR01001000 ② CB2OR01010000

③ CZ1RD01001000 ④ LB2OR01001000

확인하려는 제품은 복합기이므로 코드가 'C'이다. 또한 주황색이므로 'OR', 1,000번째 생산된 제품이 므로 생산 넘버가 '01000'이다. 이를 모두 만족하는 것은 ①이다.

② 복합기이고 주황색인 것은 맞지만, 생산 넘버가 '10000'이므로, 찾는 제품이 아니다.
③ 색상이 빨간색(RD)이므로, 찾는 제품이 아니다.
④ 레이저 프린터(L)이므로, 찾는 제품이 아니다.

22 다음 전화 상황에서 김 사원의 태도 중 옳지 않은 것은?

김 사원 : 네, 영업팀 김은지 사원입니다.

박 부장 : 김은지씨, 혹시 이차장 자리에 기획안 결제 서류 있는지 찾아보고 있으면 서류 들고 내 자리로 오라고 전해주세요.

김 사원 : 부장님, 이차장님 잠시 자리 비우셨습니다. 돌아오시면 말씀 전해드리겠습니다.

박 부장 : 방금까지 사내 메신저로 대화했는데, 이차장 회의 들어갔나요?

김 사원 : 네, 이차장님과 신차장님, 심대리님 모두 회의 들어갔습니다.

박 부장 : 네, 알겠습니다. 돌아오는 대로 전달해주세요.

김 사원 : 네, 알겠습니다.

① 통성명을 하지 않았다.
② 전화를 대신 받은 이유를 말하지 않았다.
③ 잘못된 존댓말을 사용하였다.
④ 군이 필요 없는 부연설명을 하였다.

직급이 더 높은 직원 앞에서 상대적으로 직급이 낮은 직원에게 극존칭을 하거나 높여 말하는 건 예의에 어긋나는 행동이다. 주어진 전화 상황에서 '차장님'이 아닌 '차장', '대리님'이 아닌 '대리'라고 불러야한다. 따라서 '이차장님과 신차장님, 심대리님 모두 회의 들어갔습니다.'가 아닌 '이차장, 신차장, 심대리 모두 회의 들어갔습니다.'라고 해야 맞는 표현이다.

[23~24] 다음을 보고 물음에 답하시오.

총 문항 수 : 2문항 | 총 문제풀이 시간 : 2분 | 문항당 문제풀이 시간 : 1분

〈출장 일정표〉

날짜	장소	교통편	시간	일정
3월 3일 (월)	회사	공항 리무진	11 : 00	출장 보고
	인천	AF 261	13 : 50	인천국제공항 출발
	파리	AF 2348	19 : 30/20 : 30	파리 도착/파리 출발
	암스테르담		21 : 30	암스테르담 공항도착
		호텔 리무진	22 : 40	프라자 호텔 체크인
3월 4일 (화)	현지 법인	현지 직원 픽업	9 : 00	구매팀 미팅
	암스테르담		20 : 00	자유 시간
3월 5일 (수)	현지 공장	현지 직원 픽업	11 : 00	생산팀 미팅
	암스테르담		19 : 00	자유 시간
3월 6일 (목)	현지 법인	현지 직원 픽업	9 : 00	합동 미팅
	암스테르담		18 : 00	자유 시간
3월 7일 (금)	프라자 호텔	호텔 리무진	7 : 20	호텔 체크아웃
	암스테르담	AF 1049	9 : 30	암스테르담 공항출발
	파리	AF 264	10 : 40/12 : 10	파리 도착/파리 출발
3월 8일 (토)	인천		18 : 20	인천국제공항 도착
	집	공항 리무진	20 : 40	출장 정리

〈해외 출장비 규정〉

구분	항공 (원)	호텔 (USD)	교통비 (원)	일비(USD), 1일		식비(USD), 끼당		비고
				갑지	을지	갑지	을지	
사장				150	140	80	70	*갑지(유럽, 미국 등) *을지(아시아, 중 동, 대양주)
임원				130	120	60	50	
차장~부장		실비		110	100	40	30	
대리~과장				90	80	25	20	
사원				70	60	20	15	

※ 출국일부터 귀국일까지를 출장일로 한다.

※ 2인 이상 출장 시 가장 높은 등급을 적용받는 자의 식비를 지급한다.

※ 식비는 항공 시간을 제외하며, 현지에 있는 시간(07시~21시)만 인정한다.

※ 리무진은 무료 제공된다.

23
사원 A가 암스테르담 해외 법인을 방문하기 위해 5박 6일 간 출장을 가게 되었다고 할 때, 위의 내용을 토대로 하여 회사에서 지급되는 해외 출장비는 얼마인가?(실비는 제외한다.)

① 620(USD)

② 640(USD)

③ 660(USD)

④ 680(USD)

정답해설

암스테르담은 유럽에 포함되므로 갑지에 해당하며, 출장일은 모두 6일이 된다. 사원인 A는 실비를 제외하면 일비와 식비를 해외 출장비로 지급받을 수 있는데, 식비의 경우 현지(암스테르담)에 있는 시간(07시~21시)만 인정되므로 출발일인 3일과 국내에 도착한 8일에는 받지 못한다. 그리고 7일의 경우 아침 식사에 해당하는 1끼의 식비를 받을 수 있다. 따라서 A가 받을 수 있는 식비는 모두 10끼가 된다(4~6일 3끼, 7일 1끼). 이를 토대로 출장비를 계산하면 다음과 같다.

일비＝70×6＝420(USD)

식비＝20×10＝200(USD)

따라서 A가 5박 6일 간 암스테르담 출장으로 받을 수 있는 출장비는 모두 '420＋200＝620(USD)'가 된다.

24
A사원은 B부장과 함께 5박 6일간 암스테르담 해외 법인을 방문하였다. B부장은 해외 법인 방문이 모두 끝난 후 3일간 혼자 현지에 더 체류할 예정이며, A는 예정대로 귀국할 예정이다. 이 경우 A가 받게 되는 해외 출장비는 모두 얼마인가?(실비는 제외한다.)

① 620(USD)

② 660(USD)

③ 820(USD)

④ 860(USD)

2인 이상이 출장을 가는 경우 가장 높은 등급을 적용받는 자의 식비를 지급하므로, A는 B부장의 식
비를 지급받게 된다. 그리고 A사원은 B부장이 3일간 더 체류하는 것과 관계없이 5박 6일간의 출장일
정을 갖게 되므로, 일비 6일, 식비는 10끼를 지급받게 된다. 이를 토대로 해외 출장비를 계산하면 다음
과 같다.

일비＝70×6＝420(USD)

식비＝40×10＝400(USD)

따라서 A사원이 받게 되는 출장비는 모두 '420＋400＝820(USD)'가 된다.

[25~26] 다음 글과 〈평가 결과〉를 근거로 하여 물음에 알맞은 답을 고르시오.

총 문항 수 : 2문항 | 총 문제풀이 시간 : 2분 | 문항당 문제풀이 시간 : 1분

갑국에서는 현재 정부 재정지원을 받고 있는 복지시설(A~D)을 대상으로 다섯 가지
항목(환경개선, 복지관리, 복지지원, 복지성과, 중장기 발전계획)에 대한 종합적인 평가를
진행하였다.

평가점수의 총점은 각 평가항목에 대해 해당 시설이 받은 점수와 해당 평가항목별 가
중치를 곱한 것을 합산하여 구하고, 총점 90점 이상은 1등급, 80점 이상 90점 미만은 2등
급, 70점 이상 80점 미만은 3등급, 70점 미만은 4등급으로 한다.

평가 결과, 1등급 시설은 특별한 조치를 취하지 않으며, 2등급 시설은 관리 정원의 5%
를, 3등급 이하 시설은 관리 정원의 10%를 감축해야 하고, 4등급을 받으면 관리 정원의
20% 감축해야 하고 정부의 재정지원도 받을 수 없다.

〈평가 결과〉

평가항목(가중치)	A시설	B시설	C시설	D시설
환경개선(0.2)	80	90	85	90
복지관리(0.2)	95	70	65	55
복지지원(0.2)	95	70	75	80
복지성과(0.2)	95	70	60	60
중장기 발전계획(0.2)	90	95	50	65

25 다음 〈보기〉의 내용 중 옳은 것을 모두 고르면?

보기

ⓐ A시설은 관리 정원을 감축하지 않아도 된다.
ⓑ B시설은 관리 정원의 5%를 감축해야 한다.
ⓒ C시설은 평가 등급이 4등급에 해당하는 시설이다.
ⓓ D시설은 관리 정원을 감축해야 하고 정부의 재정지원도 받을 수 없다.

① ⓐ, ⓑ
② ⓐ, ⓒ
③ ⓑ, ⓓ
④ ⓒ, ⓓ

 ⓐ 각 평가항목의 가중치가 모두 같으므로, 평가점수의 총점은 각 평가항목 점수의 평균과 같다. 따라서 A시설의 경우 평가점수의 총점은 91점이므로, 관리 정원을 감축하지 않아도 된다.
ⓒ C시설의 평가점수 총점은 67점이므로, 평가 등급이 4등급인 시설이 된다.

 ⓑ B시설의 평가점수의 총점은 79점이므로 3등급에 해당하여 관리 정원의 10%를 감축해야 한다.
ⓓ D시설의 평가 점수 총점은 70점이므로 3등급에 해당한다. 따라서 관리 정원을 10% 감축해야 하나, 정부의 재정지원은 받을 수 있다.

26 다음 중 평가항목에서 환경개선의 가중치를 0.3으로, 복지지원의 가중치를 0.1로 바꿀 때 B시설과 D시설의 평가 결과에 따른 조치를 모두 맞게 나열한 것은?

① B시설 : 관리 정원의 10% 감축
　 D시설 : 관리 정원의 20% 감축, 정부 재정지원을 받을 수 없음
② B시설 : 관리 정원의 5% 감축
　 D시설 : 관리 정원의 10% 감축
③ B시설 : 관리 정원의 10% 감축
　 D시설 : 관리 정원의 10% 감축
④ B시설 : 관리 정원의 5% 감축
　 D시설 : 관리 정원의 20% 감축, 정부 재정지원을 받을 수 없음

정답해설 평가점수의 총점은 각 평가항목 점수와 해당 평가항목별 가중치를 곱한 것을 합산하여 구한다고 했으므로, 가중치 변경에 따른 B시설과 D시설의 평가점수 총합을 구하면 다음과 같다.

B시설 : $(90 \times 0.3) + (70 \times 0.2) + (70 \times 0.1) + (70 \times 0.2) + (95 \times 0.2) = 81점$

D시설 : $(60 \times 0.3) + (55 \times 0.2) + (90 \times 0.1) + (80 \times 0.2) + (65 \times 0.2) = 67점$

따라서 B시설은 2등급, D시설은 4등급에 해당하므로, B시설은 관리 정원의 5%를 감축해야 하고, D시설은 관리 정원의 20% 감축하고 정부의 재정지원도 받을 수 없다.

27 다음은 한 기업의 〈직무전결표〉의 내용 중 일부이다. 이 직무전결표에 따라 업무를 처리할 때 적절하지 않은 것은?

〈직무전결표〉

직무내용	대표이사	위임전결권자		
		전무	상무	부서장
일반 업무 보고(월별)				○
부서 단위 인수인계업무			○	
해외 관련 업무		○		
1억 원 이상 예산집행업무	○			
1억 원 미만 예산집행업무		○		
운영위원회 위원 위촉	○			
부서장급 인사업무			○	

① 개편된 홍보팀의 업무 인수인계와 관련해 상무이사의 결재를 받아 집행하였다.

② 대표이사 출장 시 홍콩에 설치한 사무시설 설비비를 전무이사가 전결하였다.

③ 2억 원이 소요되는 업무를 대표이사 부재로 전무이사가 전결하였다.

④ 영업팀장의 교체건을 상무이사가 전결하였다.

정답해설 1억 원 이상이 소요되는 예산집행업무는 대표이사의 결재사항이며, 위임전결사항이 아니다. 따라서 2억 원이 소요되는 업무를 전무이사가 전결하는 것은 적절하지 않다.

① 부서 단위의 인수인계업무는 상무이사의 위임전결사항이므로, 홍보팀 인수인계업무는 상무이사의 결재를 받아 집행할 수 있다.

② 해외 관련 업무는 전무이사의 위임전결사항이므로, 홍콩의 사무시설 설비비는 전무이사가 전결할 수 있다.

④ 부서장급 인사업무는 상무이사의 위임전결사항이므로, 영업팀장 교체건은 상무이사가 전결하게 된다.

28 다음은 홍보부 7월 A~E 회의실 이용 내역이다. 이를 바탕으로 알 수 없는 것은?

〈7월 회의실 이용 내역〉

일	월	화	수	목	금	토
1	2 A 회의실	3 C 회의실	4 E 회의실	5 C 회의실 A 회의실	6 A 회의실	7
8	9 D 회의실	10 A 회의실 D 회의실	11 A 회의실 B 회의실	12 B 회의실	13 A 회의실	14
15	16 A 회의실	17 C 회의실 A 회의실	18 D 회의실 E 회의실	19 B 회의실	20 B 회의실 A 회의실	21
22	23 A 회의실 D 회의실	24 B 회의실 A 회의실	25 E 회의실 B 회의실	26 B 회의실 C 회의실	27 A 회의실 D 회의실	28
29	30 D 회의실	31 C 회의실 D 회의실				

① C 회의실은 화요일, 수요일만 이용 가능하다.

② B 회의실과 D 회의실은 같은 날 이용할 수 없다.

③ E 회의실은 수요일만 이용 가능하다.

④ 홍보부가 7월에 가장 많이 이용한 회의실은 A 회의실이다.

주어진 7월 회의실 이용 내역을 보면 C 회의실은 3일(화), 5일(목), 17일(화), 26일(목), 31일(화) 사용했으므로 화요일, 목요일만 이용 가능함을 알 수 있다.

 ② B 회의실과 D 회의실 7월 중 하루도 같은 날 이용하지 않았으므로 알 수 있다.
③ E 회의실은 4일(수), 18일(수), 25일(수) 이용했으므로 수요일만 이용 가능함을 알 수 있다.
④ 홍보부가 7월에 A 회의실을 12번으로 가장 많이 이용했다.

1DAY

2DAY

3DAY

[29~30] 다음은 유통업체 고객서비스센터 홈페이지의 일부이다. 물음에 답하시오.

총 문항 수 : 2문항 l 총 문제풀이 시간 : 2분 l 문항당 문제풀이 시간 : 1분

자주하는 질문과 답

Q1. 주문한 상품을 취소하고 싶어요. 어떻게 하면 되나요?

Q2. 주문내역 확인은 어디에서 가능한가요?

Q3. 주문완료 후 배송지를 변경할 수 있나요?

Q4. 발송완료 상태인데 아직 상품을 받지 못했어요.

Q5. 현금영수증 발급 내역은 어디에서 확인 하나요?

Q6. 전자세금계산서는 신청 후 바로 발급이 가능한가요?

Q7. 이미 결제한 주문건의 결제 수단을 변경할 수 있나요?

Q8. 취소 요청한 상품의 취소 여부는 언제 어디를 통해 확인할 수 있나요?

Q9. 반품하기로 한 상품을 아직도 회수해 가지 않았어요.

Q10. 발송완료 SMS를 받았는데 언제쯤 상품을 받을 수 있는 건가요?

Q11. 결제하는데 오류가 나는데 어떻게 하나요?

Q12. 당일 주문하면 받을 수 있는 상품이 있나요?

29 A씨는 홈페이지 관리와 고객문의 응대 업무를 담당하고 있다. 새 시즌을 맞아 홈페이지 개편에 따라 기존 정보를 분류하여 정리하려고 할 때, 다음 중 바르게 짝지어진 것은?

자주 하는 질문과 답			
주문/결제	반품/교환	배송	영수증
(가)	(나)	(다)	(라)

① (가) : Q2, Q7
② (나) : Q9, Q11
③ (다) : Q3, Q5
④ (라) : Q6, Q12

 자주 하는 질문과 답을 홈페이지 개편에 따라 기존 정보를 정리하면

(가) 주문/결제 : Q1, Q2, Q7, Q8, Q11, Q12

(나) 반품/교환 : Q9

(다) 배송 : Q3, Q4, Q10

(라) 영수증 : Q5, Q6

이므로 보기 중 바르게 짝지어진 것은 ①이다.

30 다음 중 고객서비스센터 홈페이지를 방문한 고객 중 답을 찾지 못하는 고객은 누구인가?

① A고객 : 방금 결제한 카드 말고 다른 카드로 결제하고 싶은데 어떻게 하나요?

② B고객 : 가입했을 당시 기입한 주소와 다른 곳에 살고 있는데 주문을 해버려서 어떻게 하나요?

③ C고객 : 상품이 마음에 들지 않아서 반품하기로 했는데 아직도 회수해 가지 않았어요.

④ D고객 : 어제 상품 하나 주문하고, 오늘 다른 상품을 또 주문했는데 묶음 배송 가능한가요?

D고객의 질문인 묶음 배송에 관한 질문과 그에 대한 답은 찾을 수 없다.

 ① A고객은 Q7을 통해 답을 찾을 수 있다.
② B고객은 Q3을 통해 답을 찾을 수 있다.
③ C고객은 Q9를 통해 답을 찾을 수 있다.

[31~32] 귀하는 외부 세미나 강연에서, 리더의 자질과 관련해 다음과 같은 사례들을 들었다. 제시된 사례들을 보고 질문에 답하시오.

총 문항 수 : 2문항 | 총 문제풀이 시간 : 2분 | 문항당 문제풀이 시간 : 1분

사례1

A사원은 평소 성실하고 묵묵하게 자신의 일을 하는 사원이었다. 하지만 근래 여자 친구와 헤어지고 나서는 일도 제대로 못하고, 지각도 자주 했다. 이러한 상황을 보고 B팀장은 A사원을 일방적으로 나무라기보다는 함께 저녁식사를 하며 A사원의 이야기를 들어주고 격려하여 일에 집중할 수 있게 하였다.

사례2

C부장은 E대리에게 최근 6개월간의 판매 수치를 정리해달라고 요청했다. 이에 E대리는 판매 수치를 정확하게 정리해왔지만 하락세를 보이고 있는 판매 수치에 대해서는 별 관심도 없었고, 그저 시키는 일만 하기에 급급했다. C부장은 함께 판매 수치를 살피며 판매량 감소의 원인에 대해 같이 고민하며 효과적인 마케팅 계획을 개발하도록 격려했다. 더불어 참고용 도서들을 주며 적극적으로 지원해주었다. E대리는 그제야 책임감과 열의를 가지고 새로운 마케팅 계획 마련에 힘을 쏟았다.

사례3

F팀장은 매주 월요일마다 팀원들을 모아놓고 토론 시간을 가진다. 모두에게 발언권을 주어 소외되는 사람 없이 모두가 동등하게 의견을 말하고 토론에 참여하도록 유도한다. 또한 팀원들이 제시한 의견을 메모해두고 중요한 결정 사항이 있을 때 이를 참고한다.

사례4

총무팀 G팀장은 업무적으로 매우 엄격하고 꼼꼼한 사람이라고 알려져 있지만, 팀원들은 모두 G팀장을 인간적으로 좋아하고 잘 따른다. G팀장이 평소 팀원들 한 명 한 명의 성격

과 특성을 파악하고 그에 맞게 세심하게 대하기 때문이다. 일보다는 사람을 중시하는 이러한 G팀장 덕에 총무팀은 항상 좋은 실적을 유지하고 있다.

31 각각의 사례들이 강조하는 바를 설명한 것으로 옳지 않은 것은?

① 사례1 : B팀장은 긍정적 강화법을 활용하여 A사원에게 동기부여를 하였다.

② 사례2 : C부장은 E대리가 스스로 책임감을 가질 수 있도록 권한과 목적의식을 부여하고 성장의 기회를 주었다.

③ 사례3 : F팀장은 토론을 장려하여 팀원 모두가 공동체 의식을 가지고 조직생활에 참여할 수 있게 하였다.

④ 사례4 : G팀장은 체제나 기구보다는 사람을 중시하여 팀원들에게 신뢰감을 얻었다.

> **정답해설** 긍정적 강화법이란 반응에 따라 자극을 줌으로써 기대했던 행동이나 반응을 강화시키는 것이다. 사례 1의 경우, 긍정적 강화법을 활용했다고 볼 수는 없다. 사기가 저하된 팀원의 마음을 이해하고 격려해주면서 긍정적인 반응을 유도하는 것이다.

32 사례3의 F팀장의 리더십 유형에 해당하는 것은 무엇인가?

① 독재자 유형   ② 민주주의에 근접한 유형

③ 파트너십 유형   ④ 변혁적 유형

> **정답해설** F팀장은 팀원들 모두가 참여할 수 있는 토론의 장을 열고 모두에게 동등한 권한을 부여하였다. 이는 민주주의에 근접한 유형의 리더십이다.

> **오답해설** ① 독재자 유형은 상급자가 하급자에게 일방적으로 지시하는 것으로, 통제 없이 방만한 상태 혹은 가시적인 성과물이 안 보일 때 효과적이다.
> ③ 집단의 비전과 책임을 공유하며 소규모 조직에서 경험과 재능을 소유한 조직원이 있을 때 효과적이다.
> ④ 리더가 카리스마와 자기 확신을 보이며, 획기적 변화가 요구될 때 효과적이다.

[33~34] 다음은 A회사에서 실시하는 검침에 대한 안내사항이다. 다음을 읽고 물음에 답하시오.

> 총 문항 수 : 2문항 | 총 문제풀이 시간 : 2분 | 문항당 문제풀이 시간 : 1분

〈계기판 검침 안내사항〉

매일 오전 9시에 다음의 안내사항에 따라 검침을 실시하고 그에 따른 조치를 취하도록 한다.

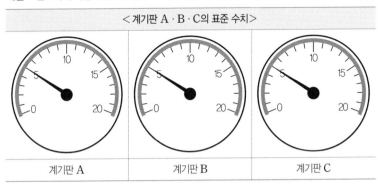

< 계기판 A · B · C의 표준 수치 >

| 계기판 A | 계기판 B | 계기판 C |

※ 기준치＝계기판 A · B · C의 표준 수치의 합

1. 기계조작실에서 계기판을 확인하여 PSD 수치를 구한다.
   - 검침하는 시각에 바깥 온도계의 온도가 영상이면 C계기판은 고려하지 않는다.
   - 검침하는 시각에 실내 온도계의 온도가 20℃ 미만이면 '평균 모드'를, 20℃ 이상이면 '합계 모드'를 적용한다.
     - 평균 모드 : 검침 시각 각 계기판 수치의 평균(소수점 첫째자리에서 반올림한다.)
     - 합계 모드 : 검침 시각 각 계기판 수치의 합

2. PSD 수치에 따라 기계조작실에서 알맞은 버튼을 누른다.

수치	버튼
PSD≤기준치	정상
기준치＜PSD＜기준치＋5	경계
기준치＋5≤PSD	비정상

3. 기계조작실에서 버튼을 누르면 버튼에 따라 상황통제실의 경고등에 불이 들어온다.

버튼	경고등
정상	녹색

경계	노란색
비정상	빨간색

4. 상황통제실에서 경고등의 색을 보고 필요한 조치를 취한다.

경고등	조치
녹색	정상 가동
노란색	안전요원 배치
빨간색	접근제한 및 점검

33 기계조작실에서 근무하는 L사원은 금요일 아침 9시에 계기판을 점검하려고 한다. 오늘 실외 온도계 수치는 $-3\,^{\circ}\text{C}$이고, 실내 온도계의 수치는 $21\,^{\circ}\text{C}$였으며 계기판의 수치는 다음과 같았다. 경고등의 색과 상황통제실에서 취해야 할 조치로 알맞은 것은?

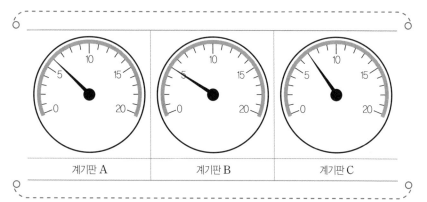

① 경고등의 색은 녹색이고, 정상 가동을 한다.
② 경고등의 색은 노란색이고, 안전 요원을 배치한다.
③ 경고등의 색은 빨간색이고, 안전 요원을 배치한다.
④ 경고등의 색은 빨간색이고, 접근제한 및 점검을 한다.

실외온도 : -3℃

실내온도 : 21℃

실외 온도가 영하이므로 C계기판을 고려해야한다. 또한 실내온도가 20℃이상이므로 '합계 모드'를 적용한다.

따라서 6+5+7=18, '기준치<PSD<기준치+5'의 구간에 포함되므로, 기계조작실에서는 경계 버튼을 누른다. 경고등에는 노란색불이 들어오고, 이를 본 상황통제실에서는 안전요원을 배치한다.

34 어느 날 아침 9시에 L사원은 계기판을 점검하였다. 계기판 수치는 다음과 같았다. L사원은 이를 보고 정상 버튼을 눌렀고, 경고등의 색을 본 상황통제실에서는 정상 가동을 하였다. 이를 통해 유추할 수 있는 실외온도와 실내온도로 〈보기〉의 설명 중 옳은 것을 모두 고른 것은?

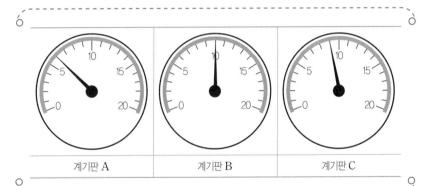

계기판 A   계기판 B   계기판 C

보기

㉠ 실외온도는 영상, 실내온도는 20℃ 미만이다.

㉡ 실외온도는 영상, 실내온도는 20℃ 이상이다.

㉢ 실외온도는 영하, 실내온도는 20℃ 미만이다.

㉣ 실외온도는 영하, 실내온도는 20℃ 이상이다.

① ㉠, ㉡

② ㉠, ㉢

③ ㉡, ㉢

④ ㉡, ㉣

⊙ 실외온도는 영상, 실내온도는 20℃ 미만이다.

→ 실외온도가 영상이므로 C계기판은 고려하지 않는다. 실내온도가 20℃ 미만이므로 평균 모드를 적용한다. 따라서 6+10=16, 16÷2=8, 정상 버튼을 누른다.

ⓒ 실외온도는 영상, 실내온도는 20℃ 이상이다.

→ 실외온도가 영상이므로 C계기판은 고려하지 않는다. 실내온도가 20℃ 이상이므로 합계 모드를 적용한다. 따라서 6+10=16, 경계 비튼을 누른다.

ⓒ 실외온도는 영하, 실내온도는 20℃ 미만이다.

→ 실외온도가 영하이므로 모든 계기판을 고려한다. 실내온도가 20℃ 미만이므로 평균 모드를 적용한다. 따라서 6+10+9=25, 25÷3≒8, 정상 버튼을 누른다.

ⓔ 실외온도는 영하, 실내온도는 20℃ 이상이다.

→ 실외온도가 영하이므로 모든 계기판을 고려한다. 실내온도가 20℃ 이상이므로 합계 모드를 적용한다. 따라서 6+10+9=25, 비정상 버튼을 누른다.

유추할 수 있는 실외온도와 실내온도로 알맞은 것은 ⊙, ⓒ이다.

소요시간		채점결과	
목표시간	34분	총 문항수	34문항
실제 소요시간	( )분 ( )초	맞은 문항 수	( )문항
초과시간	( )분 ( )초	틀린 문항 수	( )문항

2. 자료해석

⏱ 문제풀이 시간 : 1분

▶ 다음 〈표〉는 1807년 전국의 전답(田畓) 결수와 전세(田稅)를 나타낸다. 이에 대한 설명으로 옳은 것은?

〈표〉 1807년 전국의 전답 결수 및 전세

구분	전답 결수				전 세	
	논(결)	밭(결)	합(결)	비율(%)	세액(냥)	비율(%)
경기도	14,907	22,637	37,544	4.6	21,592	3.2
충청도	58,719	62,114	120,833	14.9	108,455	16.0
전라도	133,574	71,186	204,760	25.2	221,129	32.6
경상도	99,692	101,861	201,553	24.9	195,506	28.9
강원도	3,911	7,658	11,569	1.4	12,166	1.8
함경도	4,986	61,553	66,539	8.2	17,101	2.5
황해도	11,106	57,442	68,548	8.5	65,121	9.6
평안도	12,070	72,840	84,910	10.5	27,569	4.1
유수부	6,863	7,700	14,563	1.8	8,859	1.3
계	345,828	464,991	810,819	100.0	677,498	100.0

① 논의 결수가 큰 지역일수록 전세액이 크다.
② 논의 결수보다 밭의 결수가 큰 지역은 7개이다.
③ 전답 결수가 큰 지역일수록 전세의 비율도 높다.
④ 논과 밭의 결수 차이가 가장 큰 지역은 전답 결수의 비율과 전세의 비율 차이도 가장 크다.

정답해설 전라도가 논과 밭의 결수 차이($133,574 - 71,186 = 62,388$)가 가장 크고, 전답 결수의 비율과 전세의 비율 차이($32.6 - 25.2 = 7.4$)도 가장 크다.

오답해설 ① 평안도가 황해도보다 논의 결수가 더 크지만, 전세액은 작다.

② 경기도, 충청도, 경상도, 강원도, 함경도, 황해도, 평안도, 유수부로 총 8개이다.
③ 함경도가 경기도보다 전답 결수기 디 크지만, 전세의 비율은 낮다.

정답 ④

[01~15] 다음 자료를 보고 물음에 답하시오.

총 문항 수 : 15문항 | 총 문제풀이 시간 : 15분 | 문항당 문제풀이 시간 : 1분

01 다음 〈표〉는 A시의 20세 이상 성인 남녀를 대상으로 자원봉사참여, 기부경험 및 행복지수에 관한 설문조사를 실시한 결과이다. 이에 대한 설명 중 옳지 않은 것은?

〈표〉 A시 자원봉사참여율과 기부경험률

(단위 : %)

구분	연령대	자원봉사 참여율	기부 경험률
남성	20대	13.4	29.8
	30대	10.0	39.0
	40대	13.1	41.5
	50대	15.0	40.8
	60대 이상	12.3	29.8
여성	20대	13.6	34.7
	30대	23.1	46.4
	40대	25.3	45.6
	50대	20.0	42.1
	60대 이상	10.1	21.4
응답자 전체		16.0	37.8

〈표〉 A시 자원봉사참여 여부에 따른 행복지수

(단위 : 점)

구분	자원봉사 비참여	자원봉사 참여
20대	6.86	6.80
30대	6.66	6.71
40대	6.52	6.66
50대	6.25	6.57
60대 이상	5.34	6.22

① 기부경험률은 30대 여성과 40대 여성이 특히 높고, 자원봉사 참여율 역시 30대 여성과 40대 여성이 다른 집단에 비해 높은 것으로 나타났다.

② 30, 40, 50대의 각 연령대별 남성의 경우, 기부경험률은 응답자 전체 기부경험률보다 높으나 자원봉사참여율은 응답자 전체 자원봉사참여율보다 낮다.

③ 20대를 제외한 각 연령대에서 자원봉사에 참여하는 사람들의 행복지수가 참여하지 않는 사람들에 비해서 높은 것으로 나타났다.

④ 자원봉사참여자의 경우 연령대가 높아짐에 따라 행복지수 하락폭이 비참여자보다 크게 나타났다.

정답해설 자원봉사참여자의 경우 연령대가 높아짐에 따라 행복지수 하락폭이 비참여보다 작게 나타났다.

02 다음은 어느 지역의 급식 시행 학교 수와 급식인력 현황을 나타낸 〈표〉이다. 전체 급식 시행 학교에서 급식인력은 평균 몇 명인가? (단, 소수점 이하는 반올림한다.)

〈표〉 학교별 급식 시행 학교 수와 급식인력 현황

(단위 : 개, 명)

구분	급식 시행 학교 수	직종별 급식인력					
		영양사			조리사	조리 보조원	급식인력 합계
		정규직	비정규직	소계			
초등학교	137	95	21	116	125	321	562
중학교	81	27	34	61	67	159	287
고등학교	63	56	37	93	59	174	326
특수학교	5	4	0	4	7	9	20
전체	286	182	92	274	258	663	1,195

① 약 3명
② 약 4명
③ 약 5명
④ 약 6명

 전체 급식 시행 학교 수는 286개이고, 총 급식인력은 1,195명으로
전체 급식 시행 학교에 대한 평균 급식인력은

$$\frac{\text{급식 인력 총계}}{\text{전체 급식 시행 학교 수}} = \frac{1,195}{286} = 4.17832\cdots$$

따라서 전체 급식 시행 학교에서 급식인력은 평균 4명이다.

03 다음은 어느 고등학교 3학년 2개 반의 국어, 영어, 수학 과목 시험성적에 관한 〈표〉이다. 이에 대한 내용으로 옳지 않은 것은?

〈표〉 반별 · 과목별 시험성적

(단위 : 점)

구분	평균				전체
	1반		2반		
	남학생(20명)	여학생(10명)	남학생(15명)	여학생(15명)	
국어	6.0	6.5	A	6.0	365
영어	B	5.5	5.0	6.0	320
수학	5.0	5.0	6.0	5.0	315

※ 각 과목의 만점은 10점임.

① A는 B보다 크다.
② 국어 과목의 경우 2반 학생의 평균이 1반 학생의 평균보다 높다.
③ 3개 과목 전체 평균의 경우 1반의 여학생 평균이 1반의 남학생 평균보다 높다.
④ 전체 남학생의 수학 평균은 전체 여학생의 수학 평균보다 높다.

정답 해설 국어의 경우 2반은 남녀학생 모두 6.0점이고, 1반은 남학생은 6.0점 여학생은 6.5점이므로 1반 학생의 평균이 더 높다.
$A : (6.0 \times 20) + (6.5 \times 10) + (A \times 15) + (6.0 \times 15) = 365$
$\therefore A = 6.0$
$B : (B \times 20) + (5.5 \times 10) + (5.0 \times 15) + (6.0 \times 15) = 320$
$\therefore B = 5.0$

04 다음은 2015년과 2020년 어떤 도시 가구별 평균 소비지출 내역을 나타낸 그래프이다. 2015년도 가구당 총 지출액이 평균 2,000만원이었고 2020년도 가구당 총 지출액이 평균 3,000만원이었다면, 2020년 가구당 교육비는 2015년에 비해 얼마나 증가하였는가?

① 230만원

② 290만원

③ 360만원

④ 410만원

정답해설 2015년 가구당 총 지출액이 평균 2,000만원이었고 이 중 교육비가 차지한 비율은 23%이므로, 이 해의 가구당 교육비 지출액은 '2,000×0.23=460(만 원)'이다. 또한 2020년의 가구당 교육비 지출액은 '3,000×0.29=870(만 원)'이다. 따라서 2020년의 가구당 교육비는 2015년에 비해 410만원이 증가하였다.

05 다음 표는 소비자물가지수를 나타낸 것이다. 2019년 소비자물가상승률은 얼마인가? (단, 소수점 둘째자리에서 반올림함)

소비자물가지수

(단위 : %)

구분	2013년	2014년	2015년	2016년	2017년	2018년	2019년
소비자물가지수	94.7	96.8	98.0	99.3	100.0	101.0	102.9

※ 소비자물가지수는 2017년＝100을 기준으로 함
※ 소비자물가상승률＝{(금년도 소비자물가지수÷전년도 소비자물가지수)－1}×100

① 1.9%

② 2.0%

③ 2.1%

④ 2.2%

정답해설 2019년 소비자물가상승률＝{(102.9÷101.0)－1}×100≒1.9%

06 다음 표는 우리나라 정보통신산업의 현황에 대한 자료이다. 이에 대한 해석으로 옳은 것은?

〈표〉 정보통신산업의 사업체 수, 종사자 수, 자본금 추이

(단위 : 개소, 명, 억 원)

구분	연도	사업체 수 (A)	종사자 수 (B)	자본금 (C)	업체당 종사자 수(B/A)	업체당 자본금 (C/A)
정보통신 서비스	2017	5,070	99,348	78,051	19.6	15.4
	2018	5,037	104,574	98,321	20.8	19.5
	2019	5,784	106,721	102,673	18.5	17.8
	2020	5,477	113,668	96,697	20.8	17.7
정보통신 기기	2017	5,066	280,601	308,783	55.4	61.0
	2018	4,882	339,356	409,045	69.5	83.8
	2019	5,426	270,458	429,700	49.8	79.2
	2020	7,121	340,149	1,110,067	47.8	155.9
소프트웨어 및 컴퓨터 관련 서비스	2017	2,247	62,680	15,152	27.9	6.7
	2018	4,025	96,292	26,566	23.9	6.6
	2019	5,442	118,495	34,299	21.8	6.3
	2020	5,601	130,928	39,936	23.4	7.1

계	2017	12,383	442,629	401,986	35.7	32.5
	2018	13,944	540,222	533,932	38.7	38.3
	2019	16,652	495,674	566,672	29.8	34.0
	2020	18,199	584,745	1,246,700	32.1	68.5

① 전체적으로 우리나라의 정보통신산업은 빠르게 성장하고 있고, 특히 2017년 대비 2018년의 사업체 수 증가율이 가장 높은 분야는 '정보통신기기'이다.

② 정보통신산업의 자본금 규모는 매년 증가하고 있고, 이는 각 하위분야별로 살펴볼 때도 그러하다.

③ 2020년을 기준으로 볼 때, 정보통신산업의 세 분야 간 사업체 수의 차이나 종사자수의 차이보다 자본금 규모의 차이가 상대적으로 크다.

④ 업체당 종사자수와 업체당 자본금 규모가 모두 가장 큰 분야는 '정보통신기기'인 반면, 둘 다 가장 작은 분야는 '소프트웨어 및 컴퓨터 관련 서비스'이다.

정답해설 2020년을 기준으로 볼 때, 정보통신산업의 세 분야 간 자본금의 편차가 크다. 특히 정보통신기기 분야의 자본금은 다른 분야에 비해 10~25배 정도 많다.

오답해설 ① 2017년 대비 2018년 사업체 수 증가율을 구해보면

정보통신 서비스 : 2017년 5,070개에서 2018년 5,037개로 33개 감소

정보통신기기 : 2017년 5,066개에서 2018년 4,882개로 184개 감소

소프트웨어 및 컴퓨터 관련 서비스 : 2017년 2,247개에서 2018년 4,025개로 1,778개 증가

따라서 사업체 수 증가율이 가장 높은 분야는 소프트웨어 및 컴퓨터 관련 서비스이다.

② 정보통신산업 전체의 자본금은 매년 증가하고 있으나, 정보통신 서비스 분야의 2020년 자본금은 전년도에 비해 오히려 줄었다.

④ 업체당 종사자 수(B/A)와 업체당 자본금(C/A) 모두 정보통신기기 분야가 가장 크지만 업체당 종사자 수(B/A)가 가장 작은 분야는 정보통신 서비스 분야이고 업체당 자본금(C/A)이 가장 작은 분야는 소프트웨어 및 컴퓨터 관련 서비스 분야이다.

07

다음은 실업자와 실업률의 추세를 나타낸 표이다. 이 자료를 통해 확인할 수 없는 것은?

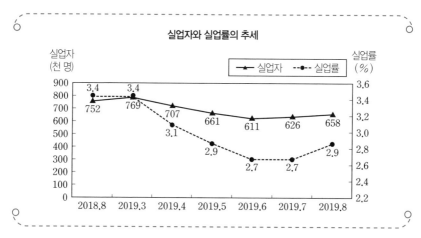

실업자와 실업률의 추세

① 2018년 8월부터 2019년 3월까지 실업자 수는 증가하였다.

② 2018년 8월부터 2019년 3월까지 실업률은 변화가 없다.

③ 2019년 6월부터 2019년 7월까지 실업자 수는 증가하였다.

④ 실업자 수가 가장 급격히 감소한 시기는 2019년 4월부터 2019년 5월이다.

정답
해설
④ 2019년 3월에서 2019년 4월까지의 실업자 수는 62,000명 감소하였고, 2019년 4월에서 2019년 5월까지 실업자 수는 46,000명 감소하였다. 따라서 실업자 수가 가장 급격히 감소한 시기는 2019년 3월부터 2019년 4월이다.

오답
해설
① 2018년 8월부터 2019년 3월까지의 기간 동안 실업자 수는 17,000명 증가했다.

② 2018년 8월부터 2019년 3월까지의 실업률은 3.4%로 동일하다.

③ 2019년 6월부터 2019년 7월까지의 실업자 수는 15,000명 증가했다.

🔊이문제중요★

08 다음 주어진 자료를 통해 해석할 수 있는 내용으로 옳지 않은 것은?

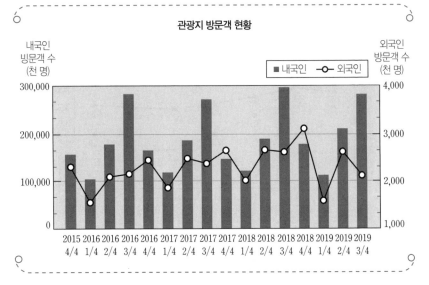

① 내국인의 경우 1년 중 1/4분기의 관광객 수가 가장 적다.

② 외국인의 경우 1년 중 4/4분기의 관광객 수가 가장 많다.

③ 조사기간에 외국인 관광객 수는 2018년 4/4분기에 최고치를 기록하였다.

④ 여행사 측에서 볼 때, 4/4분기에는 주로 내국인을 대상으로 한 마케팅이 효과적이다.

정답해설 여행사 측에서 볼 때, 4/4분기에는 주로 외국인 방문객 수가 최대이므로 이 시기에는 외국인을 대상으로 한 마케팅이 효과적이라는 것을 유추할 수 있다.

09 다음 표는 냉장고, 세탁기, 에어컨, 침대, TV 등 5개 제품의 생산 및 내수 현황을 나타낸 것이다. 주어진 설명을 참고하여 A, B, C, D, E에 해당하는 제품을 순서대로 나열한 것은?

〈표〉 5개 제품의 생산 및 내수 현황

(단위 : 만대)

제품 \ 구분	생산		내수	
	2018년 5월	2019년 5월	2018년 5월	2019년 5월
A	347	397	163	215
B	263	293	133	163
C	385	359	103	158
D	150	157	72	77
E	161	59	151	126

㉠ 2018년 5월에 냉장고, 세탁기, TV는 전년 동월에 비해 생산과 내수가 모두 증가하였다.

㉡ 2018년 5월에 에어컨은 전년 동월에 비해 생산은 감소하였으나 내수는 증가하였다.

㉢ 2018년 5월에 전년 동월에 비해 생산이 증가한 제품 가운데 생산증가대수 대비 내수 증가대수의 비율이 가장 낮은 제품은 세탁기이다.

㉣ 2018년 5월에 전년 동월 대비 생산 증가율이 가장 높은 제품은 TV이다.

	A	B	C	D	E
①	냉장고	TV	침대	에어컨	세탁기
②	세탁기	TV	침대	냉장고	에어컨
③	TV	세탁기	에어컨	냉장고	침대
④	TV	냉장고	에어컨	세탁기	침대

정답해설 ㉠에서 전년 동월에 비하여 생산과 내수가 모두 증가한 항목은 A, B, D이므로 냉장고, 세탁기, TV는 A 또는 B 또는 D이다.

㉡에서 전년 동월에 비하여 생산은 감소하고 내수는 증가한 항목은 C이므로 C는 에어컨이다.

㉢에서 전년 동월에 비하여 생산이 증가한 항목은 A, B, D이고, 생산증가대수 대비 내수증가대수를

비교하면 $A=\dfrac{52}{50}=1.04$, $B=\dfrac{30}{30}=1$, $D=\dfrac{5}{7}≒0.71$이므로 비율이 가장 낮은 D가 세탁기이다.

㉣에서 전년 동월에 비하여 생산이 증가한 항목이 A, B, D였고, D는 세탁기이므로 A와 B의 생산증가율을 비교하면 된다.

$A=\dfrac{50}{347}×100≒14.4$, $B=\dfrac{30}{263}×100≒11.4$

A의 증가율이 더 크므로 A가 TV, B가 냉장고이고 남은 E는 침대가 된다.

따라서 A는 TV, B는 냉장고, C는 에어컨, D는 세탁기, E는 침대이다.

10 다음 표는 4개 도시의 생활폐기물 수거현황이다. 표에 대한 설명으로 옳은 것은?

〈표〉 4개 도시 생활폐기물 수거 현황

구분	A시	B시	C시	D시
총가구수(천 가구)	120	150	200	350
수거 가구수(천 가구)	50	75	150	300
수거 인력(명)	123	105	130	133
총 수거 비용(백만 원)	6,443	5,399	6,033	7,928
수거 인력당 수거 가구수 (가구/명)	407	714	1,154	2,256
톤당 수거비용(천 원/톤)	76.3	54.0	36.0	61.3
주당 수거빈도(횟수/주)	1	1	2	2

※ 수거비율(%)$=\dfrac{수거\ 가구\ 수}{총\ 가구\ 수}×100$

① 수거비율이 가장 낮은 도시의 수거 인력이 가장 적다.

② 수거비율이 높은 도시일수록 총수거비용도 많이 든다.

③ 수거 인력당 수거 가구수가 많은 도시일수록 톤당 수거비용이 적게 든다.

④ 수거비율이 두 번째로 높은 도시의 주당 수거빈도는 2회이다.

정답
해설

4개 도시의 수거비율을 구해보면

A시 : $\frac{50}{120} \times 100 ≒ 41.7\%$

B시 : $\frac{75}{150} \times 100 = 50\%$

C시 : $\frac{150}{200} \times 100 = 75\%$

D시 : $\frac{300}{350} \times 100 ≒ 85.7\%$

수거 비율이 두 번째로 높은 도시는 C시로 주당 수거빈도는 주 2회이다. 따라서 보기 중 옳은 설명은 ④이다.

오답
해설

① 수거비율이 가장 낮은 도시는 A시이고, 수거 인력이 가장 적은 도시는 B시이다.
② 수거비율이 A시보다 높은 B시의 총수거비용이 더 적다.
③ D시의 수거 인력당 수거 가구수가 가장 높지만, 톤당 수거비용은 두 번째로 많다.

1DAY

2DAY

3DAY

11

다음 자료는 도로 교통 현안에 대한 글을 쓰기 위해 수집한 자료이다. 이를 활용하여 이끌어 낸 내용으로 적절하지 않은 것은?

(가) 보도자료의 일부

도로 교통량의 증가와 자동차 과속으로 인해 야생동물이 교통사고로 죽는 일이 지속적으로 발생하고 있다. 이를 막기 위해 생태 통로를 건설하였으나, 동물의 행동 특성에 대한 고려가 부족해 기대만큼의 성과는 거두지 못하고 있다.

(나) 도로 교통 지표 추이

구분	2018년	2019년	2020년
도로 연장(km)	2,599	2,659	2,850
차량 대수(천 대)	12,914	14,586	15,396
교통 혼잡비용*(십억 원)	21,108	22,769	23,698

* 교통 혼잡비용 : 교통 혼잡으로 인하여 추가로 발행하는 사회적 비용

(다) 자동차 배출 가스의 오염 물질 농도

1km 주행 시 일산화탄소(CO)의 농도

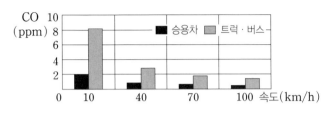

① (가)+(나) : 교통 혼잡을 개선하기 위해 도로를 신설할 때에는 동물의 행동 특성을 고려한 생태 통로를 만들 필요가 있다.

② (가)+(다) : 자동차 속도를 줄일수록 야생동물의 교통사고와 배출 가스의 오염 물질 농도가 줄어든다.

③ (나)+(다) : 교통 혼잡은 사회적 비용을 증가시킬 뿐 아니라 자동차 배출 가스의 오염 물질 농도를 증가시킨다.

④ (다) : 자동차의 배출 가스에 함유된 오염 물질의 양은 차량 종류 및 속도와 밀접하게 관련된다.

정답해설 (가)에서 야생 동물의 교통사고의 원인으로 자동차 과속을 들고 있으므로 속도를 줄일수록 사고를 줄일 수 있다고 해석할 수 있다. 또한 (다)에서 속도가 낮을 때 배출되는 일산화탄소의 농도가 더 높게 나타나므로 ②가 적절하지 않다.

오답해설 ① (나)에서는 교통 혼잡비용이 증가하는 것을 보여주고 있으므로 이를 통해 '교통 혼잡을 개선하기 위해서 도로를 신설'해야 한다는 내용을, (가)에서는 생태 도로가 동물의 행동 특성을 고려하지 못했다고 했으므로 이를 통해 '동물의 행동 특성을 고려한 생태 도로'를 만들어야 한다는 내용을 이끌어낼 수 있다.

③ (나)를 통해 교통이 혼잡하면 사회적 비용이 증가한다는 내용을 알 수 있다. 또 교통이 혼잡하면 속도가 줄어들게 되는데 (다)를 통해 속도가 줄면 자동차 배출 가스의 오염 물질 농도가 증가한다는 것을 알 수 있다.

④ (다)는 일산화탄소의 농도를 차량의 종류(승용차, 트럭·버스)와 속도에 따라 제시하였으므로 적절한 내용이다.

이문제중요!

12

다음은 이동통신 사용자의 통신사별 구성비와 향후 통신사 이동 성향에 관한 자료이다. 1년 뒤 총 사용자 중 A사의 사용자는 몇 %인가?

⟨이동통신 사용자의 통신사 이동 성향⟩

(단위 : %)

현재 \ 1년 뒤	A사	B사	C사	합계
A사	80	10	10	100
B사	10	70	20	100
C사	40	10	50	100

⟨현재 이동통신 사용자의 통신사별 구성비⟩

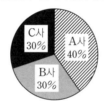

① 35%

② 39%

③ 43%

④ 47%

정답해설 전체 사용자를 100으로 잡았을 때

현재 A사 사용자는 이동통신 사용자의 40%이고, 이 중 80%는 1년 후에도 A사의 사용자로 남아있으므로

$40 \times 0.8 = 32(\%)$

현재 B사의 사용자는 이동통신 사용자의 30%이고, 이 중 10%는 1년 뒤 A사의 사용자이므로

$30 \times 0.1 = 3(\%)$

현재 C사의 사용자는 이동통신 사용자의 30%이고, 이 중 40%는 1년 뒤 A사의 사용자이므로

$30 \times 0.4 = 12(\%)$

∴ $32 + 3 + 12 = 47(\%)$

13 다음은 100명이 지원한 L사의 입사시험에서 지원자들의 졸업성적과 면접점수의 상관관계를 조사하여 그 분포수를 표시한 것이다. 졸업성적과 면접 점수를 합친 총점이 170점 이상인 지원자 중 면접 점수가 80점 이상인 사람을 합격자로 할 때, 합격자 수는 총 몇 명인가?

(단위 : 명)

면접점수 졸업성적	60점	70점	80점	90점	100점
100점	1	5	4	6	1
90점	3	4	5	5	4
80점	1	3	8	7	5
70점	4	5	7	5	2
60점	2	3	5	3	2

① 37명   ② 38명

③ 39명   ④ 40명

정답 해설 졸업성적과 면접점수를 합친 총점이 170점 이상인 지원자는 모두 44명이다. 이 중에서 면접점수가 80점 이상인 지원자는 면접점수가 70점인 5명을 제외한 39명이다.

(단위 : 명)

면접점수 졸업성적	60점	70점	80점	90점	100점
100점	1	5	4	6	1
90점	3	4	5	5	4
80점	1	3	8	7	5
70점	4	5	7	5	2
60점	2	3	5	3	2

14 다음 〈표〉는 우리나라의 돼지고기 수입 현황이다. 2015년부터 우리나라에 대한 돼지고기 수입량이 꾸준히 증가한 나라들에서 2019년 한 해 동안 수입한 돼지고기는 총 몇 톤인가?

〈표〉 국가별 돼지고기 수입 현황

(단위 : 톤)

구분	2015년	2016년	2017년	2018년	2019년
미국	17,335	14,448	23,199	62,760	85,744
캐나다	39,497	35,595	40,469	57,545	62,981
칠레	3,475	15,385	23,257	32,425	31,621
덴마크	21,102	19,430	28,190	25,401	24,005
프랑스	111	5,904	14,108	21,298	22,332
벨기에	19,754	14,970	19,699	17,903	20,062
오스트리아	4,474	2,248	6,521	9,869	12,495
네덜란드	2,631	5,824	8,916	10,810	12,092
폴란드	1,728	1,829	4,950	7,867	11,879

① 46,303톤   ② 48,296톤

③ 50,584톤   ④ 65,047톤

정답해설 2015년부터 국가별 수입량이 꾸준히 증가한 나라는 프랑스, 네덜란드, 폴란드이다.
2019년 이들 나라에서 수입한 돼지고기를 모두 더하면 46,303톤(22,332 + 12,092 + 11,879)이다.

1DAY 2DAY 3DAY

15 다음 〈표〉는 연령별 스마트폰 1회 이용 시 평균 이용시간이다. 이에 대한 설명으로 옳지 않은 것은?

〈표〉 연령별 스마트폰 1회 이용 시 평균 이용시간

(단위 : %)

구분	5분 미만	5분~10분 미만	10분~20분 미만	20분~30분 미만	30분 이상
유아(만3~9세)	29.9	10.8	32.5	10.6	16.2
청소년(만10~19세)	30.2	17.3	29	12.2	11.3
성인(만20~59세)	30.5	11.5	13.4	23.7	20.9
60대(만60~69세)	34.3	19.5	24.3	19.8	2.1

① 10분~20분 미만 사용자들의 비율은 유아가 가장 많다.

② 30분 이상 사용자들의 비율은 성인이 가장 많다.

③ 60대에는 20분~30분 미만 사용자들의 비율이 가장 많다.

④ 5분 미만 사용자들의 비율은 모든 연령층에서 25%를 넘는다.

정답해설 ③ 60대에는 5분 미만 사용자들이 가장 많다.

[16~17] 다음 노인 인구와 관련된 조사결과를 보고 물음에 답하시오.

총 문항 수 : 2문항 | 총 문제풀이 시간 : 2분 | 문항당 문제풀이 시간 : 1분

〈표1〉 성별 노인 인구 추이

(단위 : 천 명)

구분	1990	1995	2000	2005	2010	2020	2030
전체	2,195	2,657	3,395	4,383	5,354	7,821	11,899
남자	822	987	1,300	1,760	2,213	3,403	5,333

| 여자 | 1,373 | 1,670 | 2,095 | 2,623 | 3,141 | 4,418 | 6,566 |

※ 노인 인구 : 65세 이상 인구

※ 성비 : 여자 100명당 남자의 수

〈표2〉 노년부양비와 노령화지수

(단위 : %)

구분	1990	1995	2000	2005	2010	2020	2030
노년부양비	7.4	8.3	10.1	12.6	14.9	21.8	37.3
노령화지수	20.0	25.2	34.3	47.4	66.8	124.2	214.8

※ 노년부양비 $= \dfrac{65세 \ 이상 \ 인구}{15 \sim 64세 \ 인구} \times 100$

※ 노령화지수 $= \dfrac{65세 \ 이상 \ 인구}{15 \sim 64세 \ 인구} \times 100$

16 **2020년 노인 인구의 성비를 바르게 구한 것은?**

① 약 73명   ② 약 75명

③ 약 77명   ④ 약 79명

 2020년 노인 인구의 성비 $= \dfrac{3403}{4418} \times 100 ≒ 77$

17 **2020년의 노년부양비를 10년 전과 비교한다면, 증가폭은?**

① 6.0%   ② 6.3%

③ 6.6%   ④ 6.9%

 2010년의 노년부양비는 14.9%이고 2020년의 노년부양비는 21.8%이므로,
21.8 − 14.9 = 6.9%

18 자료를 바탕으로 할 때, 보기 중 옳지 않은 것을 모두 고르면?

자동차 변속기 경쟁력점수의 국가별 비교

(단위 : 점)

국가 부문	A	B	C	D	E
변속감	98	93	102	80	79
내구성	103	109	98	95	93
소음	107	96	106	97	93
경량화	106	94	105	85	95
연비	105	96	103	102	100

※ 각국의 전체 경쟁력점수는 각 부문 경쟁력점수의 총합으로 구함

보기

ㄱ. 내구성 부문에서 경쟁력점수가 가장 높은 국가는 A국이며, 경량화 부문에서 경쟁력
  점수가 가장 낮은 국가는 D국이다.
ㄴ. 전체 경쟁력 점수는 E국이 B국보다 더 높다.
ㄷ. 경쟁력점수가 가장 높은 부문과 가장 낮은 부문의 차이가 가장 큰 국가는 C국이고, 가
  장 작은 국가는 D국이다.

① ㄴ
② ㄱ, ㄴ
③ ㄱ, ㄷ
④ ㄱ, ㄴ, ㄷ

정답해설
ㄱ. 내구성 부문에서 경쟁력점수가 가장 높은 국가는 B국으로 109점이며, 경량화 부문에서 경쟁력점
  수가 가장 낮은 국가는 D국으로 85점이다.
ㄴ. 전체 경쟁력점수를 살펴보면, A국은 519점, B국은 488점, C국은 514점, D국은 459점, E국은
  460점으로 E국이 B국보다 더 낮다.
ㄷ. 경쟁력점수가 가장 높은 부문과 가장 낮은 부문의 차이가 가장 큰 국가는 D국으로 22점이고, 가장
  작은 국가는 C국으로 8점이다.

[19~20] 다음은 A, B, C, D 4개 도시의 2019년도 인구 구성에 관한 내용이다. 이를 참고로 하여 다음 물음에 답하시오.

총 문항 수 : 2문항 | 총 문제풀이 시간 : 2분 | 문항당 문제풀이 시간 : 1분

구분	전체 인구(명)	남성 비율(%)	초등학생 비율(%)
A시	500,000	51	10
B시	520,000	49	9
C시	490,000	45	11
D시	400,000	51	7

1DAY 2DAY 3DAY

19 2020년에 A시의 초등학생의 17%가 학교를 졸업하였다. 이 도시의 중학교 진학률을 100%라 할 때, 2020년도에 새로 중학생이 된 학생은 모두 몇 명인가?

① 50,000명　　　　　　② 12,500명
③ 8,500명　　　　　　④ 4,335명

정답해설 A시 전체 인구 중 초등학생 비율은 10%이므로, A시의 초등학생의 수는 '$500,000 \times \dfrac{10}{100} = 50,000$(명)'이 된다. 이 중 17%가 학교를 졸업하여 100% 중학교에 진학하였으므로, 2020년도에 중학생이 된 학생 수는 '$50,000 \times \dfrac{17}{100} = 8,500$(명)'이다.

20 다음 설명 중 옳은 것은?

① 여성 인구수가 가장 많은 곳은 B시이다.
② A시의 남성 인구수와 D시의 남성 인구수는 같다.
③ 초등학교 여학생의 수가 가장 많은 곳은 C시이다.
④ B시의 초등학생 수가 C시의 초등학생 수보다 적다.

정답 해설 B시의 초등학생 수는 '520,000 × 0.09 = 46,800(명)'이며, C시의 초등학생 수는 '490,000 × 0.11 = 53,900(명)'이다. 따라서 B시의 초등학생 수가 C시의 초등학생 수보다 적다.

오답 해설

① 여성 인구의 비율은 전체 인구 비율(100%) 중 남성 인구 비율을 제외한 비율이 된다. 따라서 A 시의 여성 수는 '500,000 × 0.49 = 245,000(명)'이며 B시는 '520,000 × 0.51 = 265,200(명)', C 시는 '490,000 × 0.55 = 269,500(명)', D시는 '400,000 × 0.49 = 196,000(명)'이다. 따라서 여성 인구수는 C시가 가장 많다.

② A시와 D시의 남성 비율은 같으나 총 인구수가 다르므로, 남성의 인구수도 다름을 알 수 있 다. A시의 경우 남성 인구수는 '500,000 × 0.51 = 255,000(명)'이며, D시의 남성 인구수는 '400,000 × 0.51 = 204,000(명)'이다.

③ 전체 남녀 성비는 제시되어 있으나 초등학생의 남녀 성비는 제시되지 않았으므로, 초등학생의 남녀 수는 알 수 없다.

21 다음 〈표〉는 성인 500명이 응답한 온라인 도박과 오프라인 도박 관련 조사결과이다. 이에 대한 설명 중 옳은 것은?

〈표〉 온라인 도박과 오프라인 도박 관련 조사결과

(단위 : 명)

온라인 \ 오프라인	×	△	○	합
×	250	21	2	( )
△	113	25	6	144
○	59	16	8	( )
계	422	( )	( )	500

※ 1) × : 경험이 없고 충동을 느낀 적도 없음.
　2) △ : 경험은 없으나 충동을 느낀 적이 있음.
　3) ○ : 경험이 있음.

① 온라인 도박 경험이 있다고 응답한 사람은 오프라인 도박의 경험은 없으나 충동을 느낀 적은 있다는 사람보다 적다.

② 온라인 도박에 대해, '경험은 없으나 충동을 느낀 적이 있음'으로 응답한 사람은 전체 응답자의 30% 이상이다.

③ 온라인 도박 경험이 있다고 응답한 사람 중 오프라인 도박 경험이 있다고 응답한 사람의 비중은 전체 응답자 중 오프라인 도박 경험이 있다고 응답한 사람의 비중보다 크다.

④ 온라인 도박에 대해, '경험이 없고 충동을 느낀 적도 없음'으로 응답한 사람은 전체 응답자의 50% 이하이다.

정답해설 온라인 도박 경험이 있다고 응답한 사람(83명) 중 오프라인 도박 경험이 있다고 응답한 사람(8명)의 비중은 '$\frac{8}{83} \times 100 ≒ 9.6\%$'이며, 전체 응답자(500명) 중 오프라인 도박 경험이 있다고 응답한 사람(16명)의 비중은 '$\frac{16}{500} \times 100 = 3.2\%$'이다. 따라서 전자가 후자보다 비중이 더 크므로 ③은 옳은 설명이 된다.

오답해설 ① 온라인 도박 경험이 있다고 응답한 사람은 83명이며, 오프라인 도박의 경험은 없으나 충동을 느낀 적은 있다는 사람은 62명이다. 따라서 온라인 도박 경험이 있다고 응답한 사람이 더 많다.
② 온라인 도박에 대해, '경험은 없으나 충동을 느낀 적이 있음'으로 응답한 사람은 144명이므로, 전체 응답자(500명)의 '28.8%'이다.
④ 온라인 도박에 대해, '경험이 없고 충동을 느낀 적도 없음'으로 응답한 사람은 273명이므로, 전체 응답자(500명)의 50% 이상이 된다.

22 다음 〈표〉는 어느 대학원의 입시에서 4개 모집단위의 성별에 따른 지원자 및 합격자 분포를 정리한 것이다. 〈보기〉의 설명 중 옳은 것을 모두 고른 것은?

〈표〉 모집단위별 지원자 수 및 합격자 수

(단위 : 명)

모집단위	남성		여성		계	
	합격자 수	지원자 수	합격자 수	지원자 수	모집정원	지원자 수
A	512	825	89	108	601	933

B	353	560	17	25	370	585
C	138	417	131	375	269	792
D	22	373	24	393	46	766
계	1,025	2,175	261	901	1286	3,076

보기

ⓐ 지원자 중 남성의 비율이 가장 높은 모집단위는 B이다.

ⓑ 4개의 모집단위 중 경쟁률이 가장 높은 모집단위는 C이다.

ⓒ 합격자 중 여성의 비율이 가장 높은 모집단위는 C이다.

ⓓ 각 모집단위에서 성별에 따른 지원자 대비 합격자 비율을 살펴보면, A모집단위 여성의 경우가 가장 높다.

① ⊙, ⓑ

② ⊙, ⓓ

③ ⓑ, ⓒ

④ ⓒ, ⓓ

 ⊙ 모집단위 B의 경우, 지원자 수는 585명이며 이 중 남성 지원자 수는 560명이므로, 지원자 중 남성의 비율이 가장 높다.

ⓓ 남성과 여성의 지원자 수 대비 합격자 수의 비율을 보면, A모집단위 여성의 경우 여성 지원자는 108명이고 여성 합격자는 89명이므로, 지원자 대비 합격자 비율이 가장 높다. 성별에 따른 지원자 대비 합격자 비율을 모두 구하기보다, 수치를 비교함으로서 대소 관계를 더 빨리 파악할 수 있다.

 ⓑ 경쟁률은 합격자 수(모집정원) 대비 지원자 수의 비율을 말한다. 4개 모집단위 중 D의 경우, 합격자 수(모집정원)은 46명에 불과한데 지원자 수는 766명이므로 경쟁률이 가장 높다.

ⓒ 모집단위 D의 경우 전체 합격자 수 46명 중 여성 합격자 수가 24명이므로, 합격자 중 여성의 비율이 50%가 넘는다. 다른 모집단위 경우 50%에 미치지 못하므로, 여성의 비율이 가장 높은 모집단위는 D이다.

🔊 이 문제 중요!*

23
다음 표는 서울의 미세먼지 월별 대기오염도 측정도를 나타낸 것이다. 이에 대한 설명으로 옳지 않은 것은?

미세먼지 월별 대기오염도

(단위 : μg/m³)

구분	2019년 5월	2019년 6월	2019년 7월	2019년 8월	2019년 9월
중구	54	33	31	20	31
강남구	62	43	35	22	33
영등포구	71	46	37	26	41
성동구	74	44	30	22	36
양천구	53	41	21	24	32

① 성동구는 6월 미세먼지의 대기오염도가 8월의 2배이다.

② 5월부터 7월까지는 미세먼지의 대기오염도가 감소하고 있다.

③ 모든 구에서 8월의 미세먼지의 대기오염도가 가장 낮다.

④ 7월에는 영등포구의 미세먼지의 대기오염도가 가장 높다.

정답해설 ③ 양천구는 8월(24)보다 7월(21)의 미세먼지의 대기오염도가 더 낮다.

24
자료를 바탕으로 할 때, 보기 중 옳은 것을 모두 고르면?

국가별 여성권한척도

구분	여성권한척도 국가순위	여성권한 척도				1인당 GDP 국가순위
		국회의원 여성비율 (%)	입법 및 행정 관리직 여성 비율(%)	전문기술직 여성비율 (%)	남성대비 여성 추적 소득비(%)	
한국	59	13.0	6	39	0.48	34

일본	43	9.3	10	46	0.46	13
미국	10	14.8	46	55	0.62	4
필리핀	46	15.4	58	62	0.59	103

보기

ㄱ. 4개 국가 중에서 GDP 국가순위가 가장 높은 국가가 여성권한척도 국가순위도 가장 높다.

ㄴ. 필리핀은 4개 국가 중 1인당 GDP 국가순위보다 여성권한척도 국가순위가 높은 유일한 국가이다.

ㄷ. 일본은 4개 국가 중 1인당 GDP 국가순위와 여성권한척도 국가순위의 차이가 가장 큰 국가이다.

ㄹ. 4개 국가 중 입법 및 행정관리직 여성비율, 전문기술직 여성비율이 가장 낮은 국가는 한국이다.

① ㄱ, ㄴ

② ㄱ, ㄴ, ㄹ

③ ㄴ, ㄷ, ㄹ

④ ㄱ, ㄴ, ㄷ, ㄹ

정답해설 ㄷ. 4개 국가 중 1인당 GDP 국가순위와 여성권한척도 국가순위의 차이가 가장 큰 국가는 필리핀이다.

25 사학자 A씨는 고려시대 문헌을 통하여 당시 상류층(왕족, 귀족, 승려) 남녀 각각 160명에 대한 자료를 분석하여 다음과 같은 〈표〉를 작성하였다. 이 〈표〉에 대한 진술 중 옳은 것은?

〈표〉 고려시대 상류층의 혼인연령, 사망연령 및 자녀수

구분		평균 혼인연령(세)	평균 사망연령(세)	평균 자녀 수(명)
승려 (80명)	남(50명)	—	69	—
	여(30명)	—	71	—

왕족 (40명)	남(30명)	19	42	10
	여(10명)	15	46	3
귀족 (200명)	남(80명)	15	45	5
	여(120명)	20	56	6

※ 승려를 제외한 모든 남자는 혼인하였고 이혼하거나 사별한 사례는 없음

① 귀족 남자의 평균 혼인기간은 왕족 남자의 평균 혼인기간보다 길다.
② 귀족 남자의 평균 혼인연령은 왕족보다 높다.
③ 귀족의 평균 자녀 수는 5.5명이다.
④ 평균 사망연령의 남녀 간 차이는 승려가 귀족보다 많다.

정답해설

② 귀족의 평균 혼인연령은 남자는 15세로 왕족의 남자 혼인연령 19세보다 낮다.

③ 귀족의 평균 자녀 수는 $\dfrac{(80 \times 5) + (120 \times 6)}{200} = 5.6$(명)이다.

④ 평균 사망연령의 남녀 간 차이는 승려는 2년, 귀족은 11년으로 승려가 귀족보다 작다.

[26~27] 아래는 A, B, C, D, E 5개 회사가 동종의 제품 시장에서 차지하는 생산량의 구성비와 생산량 변동 추이를 나타낸 것이다. 이를 토대로 다음 물음에 답하시오.

총 문항 수 : 2문항 | 총 문제풀이 시간 : 2분 | 문항당 문제풀이 시간 : 1분

〈표1〉 2016년도 생산량 구성비

회사	A사	B사	C사	D사	E사	기타
생산량 구성비	17%	18%	12%	25%	15%	13%

〈표2〉 생산량 지수(2016년 지수를 100으로 한 지수)

회사 연도	A사	B사	C사	D사	E사
2016	100	100	100	100	100

2017	120	130	95	125	85
2018	135	155	55	140	60
2019	125	175	70	155	40
2020	125	185	50	150	40

26 2020년도에 생산량이 가장 많은 회사와 그 생산량 구성비로 가장 알맞은 것은?

① A사, 38.25%

② B사, 33.3%

③ D사, 37.5%

④ E사, 40.0%

 2020년 생산량 구성비를 알기 위해서는 2016년도 구성비를 토대로 생산량 지수의 변동폭을 비교해 보아야 한다. 2016년도 생산량의 구성비가 큰 회사들 중에서 2020년도 생산량 지수가 많이 증가한 것은 B와 D이다. 연도별 생산량 지수는 2016년도 지수를 100으로 한 지수이므로, B사의 2020년 생산량 구성비는 B사의 2016년 생산량 구성비에 2016년도 생산량 지수 대비 2020년 생산량 지수의 변동폭을 곱한 값이 된다.

이를 구하면, B사의 경우 2020년도 생산량 구성비는 $18\% \times \dfrac{185}{100} = 33.3\%$이고 D사의 경우 $25\% \times \dfrac{150}{100} = 37.5\%$이다. 따라서 2020년도 생산량 구성비가 가장 큰 회사는 D회사이며, 그 구성비는 37.5%이다.

27 위의 두 표를 참고로 할 때, 다음 설명 중 옳은 것은?

① 2020년도 C사와 E사의 생산량은 같다.

② A사의 2020년도 생산량은 2019년과 같다.

③ 2016년도 5개 회사의 생산량은 같다.

④ ①~③ 어느 것도 옳지 않다.

정답해설 2020년도 생산량 구성비를 볼 때, C사의 경우 $12\% \times \dfrac{50}{100} = 6\%$이고 E사의 경우 $15\% \times \dfrac{40}{100}$ $=6\%$로 같다. 생산량 구성비가 같다는 것은 두 회사의 생산량이 같다고 할 수 있다.

오답해설 ② A사의 경우 2019년과 2020년도 생산량 지수가 같으므로 시장에서 차지하는 생산량의 구성비는 2019년과 2020년이 같다고 할 수 있다. 그러나 생산량 구성비가 같다 하더라도 두 해의 전체 생산량이 다르다면 생산량도 다르다고 할 수 있다. A~E 5개 회사의 전체 생산량 지수의 합이 2019년도 565에서, 2020년도 550으로 다르므로, A회사가 전체 시장에서 차지하는 생산량도 다를 수 있다.
③ 5개 회사의 2016년도 생산량 구성비가 모두 다르므로, 5개 회사의 2016년도 생산량도 각기 다르다.

🔊 **이문제중요!**

28 다음은 주요 국가들의 연구개발 활동을 정리한 자료이다. 이를 바탕으로 할 때, 일본의 노동인구 **500명당** 연구원 수는?

주요 국가들의 연구개발 활동 현황

국가명	절대적 투입규모		상대적 투입규모		산출규모	
	총 R&D 비용 (백만 달러)	연구원 수(명)	GDP대비 총 R&D 비용(%)	노동인구 천 명당 연구원 수(명)	특허 등록 수(건)	논문 수(편)
독일	46,405	516,331	2.43	13.0	51,685	63,847
미국	165,898	962,700	2.64	7.4	147,520	252,623
스웨덴	4,984	56,627	3.27	13.1	18,482	14,446
아이슬란드	663	1,363	1.33	9.5	35	312
아일랜드	609	7,837	1.77	5.6	7,088	2,549
영국	20,307	270,000	2.15	9.5	43,181	67,774
일본	123,283	832,873	2.68	8.0	141,448	67,004
프랑스	30,675	314,170	2.45	12.5	46,213	46,279
한국	7,666	98,764	2.22	7.3	52,900	9,555

① 2명　　　　　　　　② 4명
③ 6명　　　　　　　　④ 8명

 일본의 노동인구 천 명당 연구원 수가 8명이므로 노동인구 500명당 연구원 수를 x라 하면
$1,000 : 8 = 500 : x$, $x = 4$(명)
따라서 일본의 노동인구 500명당 연구원 수는 4명이다.

29 다음 〈표〉에는 ○○반도체의 올해 3분기까지의 판매 실적이 나와 있다. ○○반도체는 표에 나온 4가지 제품만을 취급한다고 할 때, 다음 중 옳지 않은 설명을 고르면?

〈표〉 ○○반도체의 올해 3분기까지의 판매 실적

실적＼제품	분기별 판매량(단위 : 만 개)			분기별 판매액(단위 : 억 원)		
	1분기	2분기	3분기	1분기	2분기	3분기
A	70	100	140	65	120	160
B	55	50	80	70	60	130
C	85	80	110	75	120	130
D	40	70	70	65	60	100
합계	250	300	400	275	360	520

① 1분기부터 3분기까지 판매액 합계 상위 2개 제품은 A와 C이다.
② 2분기에 전 분기 대비 판매량, 판매액 모두 증가한 제품은 A뿐이다.
③ 1분기보다 2분기, 2분기보다 3분기에 제품의 평균 판매 단가가 높았다.
④ 3분기 A제품의 판매량과 판매액 모두 전체의 1/3을 넘었다.

 ③ 제품의 평균 단가는 주어진 표를 통해서는 알 수 없다.

오답 해설

① 1분기부터 3분기까지 판매액 합계 상위 2개 제품은 A와 C이다.

1분기부터 3분기까지의 판매액

A=65+120+160=345

B=70+60+130=260

C=75+120+130=325

D=65+60+100=225

② 2분기에 전 분기 대비 판매량, 판매액 모두 증가한 제품은 A뿐이다.

실적 제품	판매량			판매액		
	1분기	2분기		1분기	2분기	
A	70	100	+30	65	120	+55
B	55	50	−5	70	60	−10
C	85	80	−5	75	120	+45
D	40	70	+30	65	60	−5

④ 3분기 A제품의 판매량과 판매액 모두 전체의 1/3을 넘었다.

3분기 A의 판매량 $= \dfrac{140}{400} \times 100 = 35(\%)$

3분기 A의 판매액 $= \dfrac{160}{520} \times 100 = 31(\%)$

[30~31] 다음의 표는 4개 국가의 산술적 인구밀도와 경지 인구밀도를 조사한 자료이다. 이를 토대로 다음에 물음에 알맞은 답을 고르시오.

총 문항 수 : 2문항 | 총 문제풀이 시간 : 2분 | 문항당 문제풀이 시간 : 1분

국가	인구수(만 명)	산술적 인구밀도(명/km²)	경지 인구밀도(명/km²)
A	1,000	25	75
B	1,500	40	50
C	3,000	20	25
D	4,500	45	120

※ 산술적 인구밀도=인구수÷국토 면적

※ 경지 인구밀도=인구수÷경지 면적

※ 경지율=경지 면적÷국토 면적×100

30 인구 1인당 경지 면적이 가장 넓은 국가는 어디인가?

① A국
② B국
③ C국
④ D국

정답해설 인구 1인당 경지 면적은 경지 면적을 인구수로 나눈 것이다(인구 1인당 경지 면적 $=\dfrac{경지\ 면적}{인구\ 수}$).

그런데 '경지 인구밀도 $=\dfrac{인구\ 수}{경지\ 면적}$'이라 하였으므로, 인구 1인당 경지 면적은 경지 인구밀도의 역수가 된다. 따라서 경지 인구밀도가 가장 낮은 국가가 인구 1인당 경지 면적이 가장 넓은 국가가 된다. 따라서 C국의 인구 1인당 경지 면적이 가장 넓다.

31 다음 중 옳지 않은 것은?

① 국토 면적은 C국이 가장 넓다.
② 경지 면적은 B국이 가장 좁다.
③ B국의 경지율은 D국보다 높다.
④ 경지율이 가장 낮은 국가는 A국이다.

정답해설 '경지 인구밀도＝인구수÷경지 면적'이므로 '경지 면적＝인구수÷경지 인구밀도'가 된다. 이를 통해 경지 면적을 구하면 A국의 경지 면적은 대략 13.3만(km^2), B국은 30만(km^2), C국은 120만(km^2), D국은 37.5만(km^2)이다. 따라서 A국의 경지 면적이 가장 좁다.

오답해설 ① '산술적 인구밀도＝인구수÷국토 면적'이므로 '국토 면적＝인구수÷산술적 인구밀도'가 된다. 이를 통해 국토 면적을 구하면, C국이 150만(km^2)로 가장 크다.

③ '경지율＝경지 면적÷국토 면적×100'이라 하였고, '경지 면적＝인구수÷경지 인구밀도'이며 '국토 면적＝인구수÷산술적 인구밀도'가 된다. 여기서 '경지 면적'과 '국토 면적'을 앞의 경지율 공식에 대입하면, '경지율＝산술적 인구밀도÷경지 인구밀도×100'이 된다. 이를 이용해 경지율을 구하면 B국은 80(％), D국은 37.5(％)이므로 B국의 경지율이 D국의 경지율보다 높다.

④ A국의 경지율은 대략 33.3(％), C국의 경지율은 80(％)이다. 따라서 4개 국가 중 A국의 경지율이 가장 낮다.

32 다음 〈표〉는 행정업무용 물품의 조달단가와 구매 효용성을 나타낸 것이다. 20억 원 이내에서 구매예산을 집행한다고 할 때, 정량적 기대효과 총합의 최댓값을 구하면? (단, 각 물품은 구매하지 않거나 1개만 구매할 수 있다.)

〈표〉 행정업무용 물품의 조달단가와 구매 효용성

구분 \ 물품	A	B	C	D	E	F	G	H
조달단가 (억 원)	3	4	5	6	7	8	10	16
구매 효용성 (%)	1	0.5	1.8	2.5	1	1.75	1.9	2

※ 구매 효용성 $= \dfrac{\text{정량적 기대 효과}}{\text{조달단가}} \times 100$

① 29

② 30

③ 38

④ 46

정답해설 정량적 기대효과＝조달단가×구매 효용성

정량적 기대효과 총합이 최대가 될 수 있게 20억 원 이내에서 물품을 구매하면 C＜D＜F이며 이때 조달단가는 5＋6＋8＝19(억 원), 정량적 기대효과는 9＋15＋14＝38이다.

33 다음은 생명보험사별 산업별 투자내역에 대한 표이다. 이에 대한 설명으로 옳지 않은 것은?

〈표〉 생명보험사별 산업별 투자내역

(단위 : 백만 원)

구분	농업, 임업, 어업 및 광업	제조업	건설업	도 · 소매 및 음식 · 숙박업	운수, 창고 및 통신업	사회 및 개인서비스업
A사	21,152	6,881,000	19,450	87,588	115,870	201,456

B사	11,803	5,752,200	16,161	106,135	80,678	164,600
C사	18,870	7,620,500	35,311	76,453	109,443	70,860
계	51,825	20,253,700	70,922	270,176	305,991	436,916

① 생명보험사에 투자를 제일 많이 하는 산업은 제조업이다.
② 건설업 중 A사에 투자하는 비율은 약 25%가 넘는다.
③ 사회 및 개인 서비스업에서 A사 투자금은 C사 투자금의 3배 이상이다.
④ C사는 농업, 임업, 어업 및 광업 분야에서 가장 적은 투자를 받는다.

정답해설 사회 및 개인 서비스업에서 A사 투자금은 201,456이고, C사 투자금은 70,860이므로
$70,860 \times 3 = 212,580 > 201,456$
따라서 사회 및 개인 서비스업에서 A사 투자금은 C사 투자금의 3배 이하이다.

오답해설 ① 생명보험사에 투자를 제일 많이 하는 산업은 제조업(20,253,700)이다.
② 건설업 중 A사에 투자하는 비율은 $\frac{19,450}{70,922} \times 100 = 27.4\%$으로 25%가 넘는다.
④ C사는 농업, 임업, 어업 및 광업 분야(18,870)에서 가장 적은 투자를 받는다.

이문제중요!

34 다음 표는 연령집단별 대통령 선거투표율을 나타낸 것이다. 이에 대한 설명으로 옳지 않은 것은?

대통령 선거투표율

(단위 : %)

구분	2002년	2007년	2012년	2017년
19세	—	54.2	74.0	77.7
20대	51.1	57.9	71.1	77.1
30대	64.3	51.3	67.7	74.3

40대	76.3	66.3	75.6	74.9
50대	83.7	76.6	82.0	78.6
60대 이상	78.7	76.3	80.9	84.1

※ 투표율＝(투표자수÷선거인수)×100
※ 2002년 당시에는 만 20세 이상이 선거권을 가지고 있었음

① 60대 이상 2012년 투표자는 지난 선거 대비 4.6천명 늘었다.
② 19세, 20대만 투표율이 계속해서 증가하고 있다.
③ 선거투표율은 모든 연령층에서 과반수를 넘기고 있다.
④ 50대 2017년 투표율은 지난 선거 대비 3.4% 감소하였다.

정답해설 ① 60대 이상 2012년 투표율은 지난 선거 대비 4.6% 늘었다. 투표자는 주어진 자료에서 알 수 없다.

[35~36] 다음은 어느 펀드회사에 소속된 펀드매니저 A～D의 자산 운용 현황을 나타낸 것이다. 표를 참고하여 물음에 답하시오.

총 문항 수 : 2문항 | 총 문제풀이 시간 : 2분 | 문항당 문제풀이 시간 : 1분

펀드매니저의 자산운용 현황

펀드매니저	연초 운용자산 규모(천 원)	연말 운용자산 규모(천 원)	증가액(천 원)	수익률	표준편차
A	20,000	23,000	3,000	0.15	0.5
B	20,000	㉠	㉡	0.2	0.2
C	10,000	13,000	3,000	㉢	0.5
D	20,000	23,000	3,000	0.15	0.2

※ 증가액＝연말 운용 자산 규모－연초 운용 자산 규모

※ 수익률＝$\dfrac{\text{증가액}}{\text{연초 운용 자산 규모}}$

※ 보상대변동성비율＝$\dfrac{\text{수익률}}{\text{표준편차}}$

35 ㉠, ㉡, ㉢에 들어갈 알맞은 수는?

	㉠	㉡	㉢
①	24,000	3,000	0.25
②	20,000	3,000	0.3
③	24,000	4,000	0.3
④	20,000	4,000	0.25

 ㉡ : $0.2 = \dfrac{B}{20,000}$, $B = 20,000 \times 0.2 = 4,000$(천원)

㉠ : $4,000 = A - 20,000$, $A = 24,000$

㉢ : $㉢ = \dfrac{3,000}{10,000} = 0.3$

36 보상대변동성비율이 가장 높은 펀드매니저는 누구인가?

① A   ② B

③ C   ④ D

A : $\dfrac{0.15}{0.5} = 0.3$

B : $\dfrac{0.2}{0.2} = 1$

C : $\dfrac{0.3}{0.5} = 0.6$

D : $\dfrac{0.15}{0.2} = 0.75$

보상대변동성비율이 가장 높은 펀드매니저는 D이다.

37 다음은 공인중개사 A의 중개수수료 요율표이다. 을이 병에게 주택을 임대해주며 9,500만 원의 전세금을 받았다면 A가 을로부터 받을 수 있는 수수료는 최대 얼마인가?

종별	거래가액	수수료율	한도액
매매 · 교환	5,000만 원 미만	거래가액의 0.6% 이내	250,000원
	5,000만 원 이상 2억 원 미만	거래가액의 0.5% 이내	800,000원
	2억 원 이상 6억 원 미만	거래가액의 0.4% 이내	—
매매 · 교환 이외의 임대차 등	5,000만 원 미만	거래가액의 0.5% 이내	200,000원
	5,000만 원 이상 1억 원 미만	거래가액의 0.4% 이내	300,000원
	1억 원 이상 3억 원 미만	거래가액의 0.3% 이내	—

① 12만 원 　　　　② 18만 원
③ 22만 원 　　　　④ 30만 원

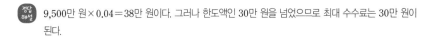
정답 해설 9,500만 원×0.04=38만 원이다. 그러나 한도액인 30만 원을 넘었으므로 최대 수수료는 30만 원이 된다.

[38~39] 다음은 지하층이 없고 건물마다 각 층의 바닥면적이 동일한 건물들에 대한 건물 정보이다. 다음 물음에 답하시오.

총 문항 수 : 2문항 | 총 문제풀이 시간 : 2분 | 문항당 문제풀이 시간 : 1분

건물명	건폐율(%)	대지면적(m^2)	연면적(m^2)
A	50	300	600
B	60	300	1,080
C	60	200	720
D	50	200	800

※ 건폐율$=\dfrac{건축면적}{대지면적}\times 100$

※ 건축면적=건물 1층의 바닥면적

※ 연면적=건물의 각 층 바닥면적의 총합

38 A~D 중 건축면적이 두 번째로 넓은 건물은?

① A ② B
③ C ④ D

 A의 건축면적 : $\dfrac{x}{300}\times 100=50$, $x=150(m^2)$

B의 건축면적 : $\dfrac{x}{300}\times 100=60$, $x=180(m^2)$

C의 건축면적 : $\dfrac{x}{200}\times 100=60$, $x=120(m^2)$

D의 건축면적 : $\dfrac{x}{200}\times 100=50$, $x=100(m^2)$

건축면적이 두 번째로 넓은 건물은 A이다.

39 A~D 중 층수가 잘못 표기된 것은?

① A－3층   ② B－6층

③ C－6층   ④ D－8층

정답해설 층수는 연면적을 건축면적으로 나눈 것과 같으므로,
A의 층수 : $600 \div 150 = 4$(층)
B의 층수 : $1,080 \div 180 = 6$(층)
C의 층수 : $720 \div 120 = 6$(층)
D의 층수 : $800 \div 100 = 8$(층)
따라서 A의 층수가 잘못 표기 되었다.

소요시간		채점결과	
목표시간	39분	총 문항수	39문항
실제 소요시간	( )분 ( )초	맞은 문항 수	( )문항
초과시간	( )분 ( )초	틀린 문항 수	( )문항

3DAY

언어논리
수리공간

언어논리 · 수리공간

1. 언어논리

기출유형분석

⏰ 문제풀이 시간 : 1분

▶ 다음은 A, B, C, D 네 사람의 컴퓨터 활용능력시험 결과이다.

- 1, 2, 3급에 각각 1명, 2명, 1명이 합격했다.
- A와 B는 다른 급수에 합격했다.
- A와 C는 다른 급수에 합격했다.
- D는 세 사람과 다른 급수에 합격했다.

위 사실로부터 얻을 수 있는 추론 중 항상 옳은 것은?

① A는 1급에 합격했다.　　　　② B는 2급에 합격했다.

③ C는 1급에 합격했다.　　　　④ D는 3급에 합격했다.

정답
해설
D는 세 사람과 다른 급수에 합격했다고 했는데 2급은 2명이 합격했다고 했으므로 D는 2급에
합격할 수 없고 1급 또는 3급에 합격했다.
A는 B, C와 다른 급수에 합격했다고 했는데 A가 2급에 합격하면 B, C 중 한 명이 반드시 2급에
합격하게 되어 주어진 조건과 모순이므로 A는 2급에 합격할 수 없다.
즉, A는 1급 또는 3급에 합격했고, B, C는 2급에 합격했다.
따라서 A가 1급에 합격했다면 D는 3급에, A가 3급에 합격했다면 D는 1급에 합격했고, B, C는 2
급에 합격한 것이므로 보기 중 ②가 항상 옳다.

정답 ②

[01~20] 다음을 읽고 물음에 답하시오.

01 다음 문장을 읽고 그 내용에 가장 부합하는 것은?

재욱이는 지현이의 사촌 오빠이다.

소현이와 지현이는 자매이다.

미라는 재욱이의 누나이다.

그러므로 _____.

① 미라는 소현이와 사촌 간이다.

② 미라는 지현이와 동갑이다.

③ 재욱이와 소현이는 나이가 같다.

④ 소현이는 지현이보다 나이가 많다.

정답해설 재욱이는 지현이의 사촌 오빠이고, 미라는 재욱이의 누나이므로 나이순으로 나열하면 '미라>재욱>지현'이다. 소현이의 경우, 지현이와 자매라는 것만 제시되어 있으므로 나이를 알 수 없다. 미라와 재욱이는 남매이고 소현이와 지현이는 자매인데, 재욱이와 지현이가 사촌지간이므로, 미라와 소현이도 사촌 간임을 알 수 있다.

⭐TIP 추론의 종류

• **연역 추론** : 일반적인 사실 또는 원리를 통해 특수한 지식, 원리 등을 논증하는 방법
  – **삼단 논법** : 대전제, 소전제, 대전제와 소전제를 통해 내린 특수한 지식 · 원리 · 사실 등을 결론으로 한다.
  – **직접 추론** : 하나의 참된 전제로부터 결론을 내리는 방법으로, 전제와 결론 사이에 필연성이 존재한다.

• **귀납 추론** : 개별적이거나 구체적인 사례를 통해 일반적인 원리를 이끌어내는 방법
  – **일반화** : 여러 사례들을 제시한 후 그를 통해 다른 사례들도 모두 마찬가지라는 결론을 내리는 것을 의미한다.
  – **유추** : 서로 다른 범주에 속하는 두 대상 간에 존재하는 유사성을 근거로 세부적인 속성도 일치할 것이라는 결론을 내리는 것을 의미한다.

02 나란히 이웃하여 살고 있는 수덕, 원태, 광수는 서로 다른 애완동물 (개, 고양이, 원숭이)을 기르고 있으며, 서로 다른 직업을 가지고 있다. 이에 맞추어 사실을 말하고 있는 것은?

- 광수는 광부이다.
- 가운데 집에 사는 사람은 개를 키우지 않는다.
- 농부와 의사의 집은 서로 이웃해 있지 않다.
- 노란 지붕 집은 의사의 집과 이웃해 있다.
- 파란 지붕 집에 사는 사람은 고양이를 키운다.
- 원태는 빨간 지붕 집에 산다.

① 원태는 농부다.
② 수덕은 고양이를 키우지 않는다.
③ 수덕은 파란 지붕 집에 살고, 원태는 개를 키운다.
④ 노란 지붕 집에 사는 사람은 원숭이를 키우지 않는다.

정답 해설 광수는 광부이며, 농부와 의사의 집은 서로 이웃해 있지 않으므로 광부인 광수는 가운데 위치한 집에 살며, 그는 개를 키우지 않는다. 노란 지붕 집은 의사의 집과 이웃해 있으므로 광수의 집 지붕은 노란색이다. 원태는 빨간 지붕 집에서 살고 있으므로 파란 지붕 집에 사는 사람은 수덕이고 그는 고양이를 키운다. 한편 광수는 개를 키우지 않으므로 개를 키우는 사람은 원태, 원숭이를 키우는 사람은 광수이다.
③ 수덕은 파란 지붕 집에 살고, 원태는 빨간 지붕 집에 살고 있다. 파란 지붕 집에 사는 사람이 고양이를 키우고, 원태는 개를 키우고 있으므로 사실이다.

오답 해설 ① 광수는 광부이고, 나머지 두 사람의 직업은 농부와 의사이다. 그러나 수덕과 원태의 직업에 대한 정보가 없으므로, 원태의 직업이 농부인지 아닌지 확실하게 알 수 없다.
② 수덕은 고양이를 키운다.
④ 노란 지붕 집에 사는 사람은 광수이며 그는 원숭이를 키운다.

03 다음 조건을 읽고 옳은 것은?

- A, B, C, D, E는 5층인 아파트에 함께 살고 있다.
- A, B, D는 서로 같은 간격을 유지하고 있다.
- C는 E보다 위층에 살고 있다.
- A는 5층에 살고 있다.
- D는 B보다 높은 층에 살고 있지 않다.

① B는 2층에 산다.
② E는 3층 또는 4층에 산다.
③ B는 제일 아래층에 산다.
④ B는 C보다 낮은 층에 살 수도 있다.

5	A
4	C
3	B
2	E
1	D

또는

5	A
4	B
3	D
2	C
1	E

④의 경우 언제나 옳은 것은 아니지만, 경우에 따라 가능하다.

04 주희, 세진, 정운, 희아는 저녁에 피자, 치킨, 보쌈, 탕수육을 먹고 싶어 한다. 다음과 같이 각자 선호하는 음식으로 주문을 할 때 사실을 말하고 있는 것은? (단, 모두 다른 음식을 주문한다.)

- 주희는 피자와 치킨을 좋아하지 않는다.
- 세진은 탕수육을 좋아하지 않는다.
- 정운은 피자를 좋아하지 않는다.
- 희아는 보쌈을 좋아한다.

① 정운은 치킨을 주문할 것이다.
② 주희는 피자를 주문할 것이다.
③ 희아는 탕수육을 주문할 것이다.
④ 세진은 보쌈을 주문할 것이다.

정답해설 네 명이 각자 선호하거나 싫어하는 음식을 정리해 보면 다음과 같다.

	피자	치킨	보쌈	탕수육
주희	×	×	△	△
세진	△	△	△	×
정운	×	△	△	△
희아	△	△	○	△

희아는 보쌈을 주문할 것이다. 주희는 피자와 치킨을 싫어하는데 희아가 보쌈을 주문하였으므로 탕수육을 주문하게 될 것이다. 세진은 피자와 치킨을 주문할 수 있는데, 정운이 피자를 싫어하므로 정운이 치킨을 주문하고 세진이 피자를 주문하게 될 것이다.

🔊 **이문제중요!**

05 세 문구점이 학교 앞 골목을 따라 서로 이웃하고 있다. 세 문구점 A, B, C는 평수에 따라 임의의 순서로 각각 소형, 중형, 대형으로 구분되며, 골목에서 세 집을 바라볼 때 다음과 같다. 이에 맞추어 사실을 말하고 있는 것은?

- A 문구점은 맨 왼쪽에 있다.
- 평수가 대형인 문구점은 A 문구점과 접해 있지 않다.
- 팩스를 보낼 수 있는 문구점은 중형 문구점의 바로 오른쪽에 있다.
- 소형 문구점에서는 코팅을 할 수 있다.
- C 문구점에서는 복사를 할 수 있다.

① C 문구점은 중형이다.
② B 문구점에서 코팅을 할 수 있다.
③ 중형 문구점의 바로 오른쪽에 C 문구점이 있다.
④ A 문구점의 바로 오른쪽 문구점에서 팩스를 보낼 수 있다.

정답해설 A 문구점은 맨 왼쪽에 있다.
평수가 대형인 문구점은 A 문구점과 접해 있지 않다.
팩스를 보낼 수 있는 문구점은 중형 문구점의 바로 오른쪽에 있다.

A 문구점		
중형		대형
	팩스	

또는

A 문구점		
	중형	대형
		팩스

소형 문구점에서는 코팅을 할 수 있다.
C 문구점에서는 복사를 할 수 있다.

A 문구점	C 문구점	B 문구점
소형	중형	대형
코팅	복사	팩스

06 나란히 접해 있는 네 개의 우리에 애완동물이 각각 한 마리씩 들어 있다. 네 애완동물은 임의의 순서로 각각 **빨간 리본**, **노란 리본**, **파란 리본**, **초록 리본**을 달고 있으며, 네 개의 우리 앞에서 애완동물을 바라볼 때 다음과 같다. 이에 맞추어 사실을 말하고 있는 것은?

- 맨 오른쪽 우리의 애완동물은 빨간 리본을 달고 있다.
- 패럿은 기니피그의 바로 오른쪽에 있다.
- 미니 토끼는 파란 리본을 달고 있다.
- 미니 돼지는 초록 리본을 달고 있다.
- 파란 리본을 단 애완동물은 노란 리본을 단 애완동물의 바로 왼쪽에 있다.

① 기니피그는 빨간 리본을 달고 있다.
② 기니피그는 미니 돼지의 바로 오른쪽에 있다.
③ 미니 돼지의 바로 왼쪽에는 미니 토끼가 있다.
④ 미니 토끼의 바로 오른쪽 애완동물은 노란 리본을 달고 있다.

정답해설 맨 오른쪽 우리의 애완동물은 빨간 리본을 달고 있다.

			빨간 리본

페럿은 기니피그의 바로 오른쪽에 있다.
미니 토끼는 파란 리본을 달고 있다.
미니 돼지는 초록 리본을 달고 있다.

미니 토끼	미니 돼지	기니피그	페럿
파란 리본	초록 리본		빨간 리본

또는

미니 돼지	미니 토끼	기니피그	페럿
초록 리본	파란 리본		빨간 리본

파란 리본을 단 애완동물은 노란 리본을 단 애완동물의 바로 왼쪽에 있다.

미니 돼지	미니 토끼	기니피그	페럿
초록 리본	파란 리본	노란 리본	빨간 리본

07 빨간색, 파란색, 노란색, 녹색, 검정색의 우산이 있다. 이 다섯 개의 우산이 각각 다른 사람의 것이라면 노란색 우산의 주인은?

- 정운이는 검정색의 우산을 가지고 있다.
- 수경이는 녹색의 물건을 싫어하고 빨간색의 물건을 좋아한다.
- 경종이는 검정색과 노란색의 물건을 싫어한다.
- 미진이는 파란색과 빨간색의 물건을 싫어한다.
- 현우는 녹색을 좋아해서 녹색 우산이 있다.

① 수경 ② 경종
③ 미진 ④ 현우

정답해설 다섯 명이 각자 이미 우산을 가지고 있거나, 선호하는 색을 정리해보면 다음과 같다.
○ - 우산이 있음, △ - 좋아함, × - 싫어함

	빨간색	파란색	노란색	녹색	검정색
정운					○
수경	△			×	
경종			×		×
미진	×	×			
현우				○	

08 순규, 진우, 지현, 준수 네 사람은 오늘 세미나실, 회의실, 연구실, 강연실을 각각 한 부분씩 맡아서 청소해야 한다. 다음과 같이 각자의 선호에 따라 청소를 할 때, 거짓을 말하고 있는 것은?

- 순규는 세미나실과 회의실 청소를 싫어한다.
- 진우는 강연실 청소를 싫어한다.
- 지현은 세미나실 청소를 좋아한다.
- 준수는 연구실 청소를 원한다.

① 순규는 강연실을 청소하게 될 것이다.
② 진우는 세미나실을 청소하게 될 것이나.
③ 지현은 세미나실을 청소하게 될 것이다.
④ 준수는 연구실을 청소하게 될 것이다.

정답해설 네 명이 각자 선호하거나 혹은 싫어하는 구역을 정리해 보면 다음과 같다.

	세미나실	회의실	연구실	강연실
순규	×	×	△	△
진우	△	△	△	×
지현	○	△	△	△
준수	△	△	○	△

진우와 순규는 회의실과 강연실 중 한 곳을 각각 청소하게 된다. 그런데 진우가 강연실 청소를 싫어하므로 순규는 강연실을, 진우는 회의실을 청소하게 될 것이다.

📢 **이문제중요!**

09 L사의 임원단은 A, B, C, D, E, F 총 6명이다. 이번 달 실시된 임원회의에 E는 병가중이라 참석하지 못했고, 4명의 임원만이 참석했다. 아래 제시된 조건에 따를 때 임원회의에 참석한 사람을 모두 고른 것은?

- A와 B 중에서 한 명이 참석하였다.
- D와 E 중에서 한 명이 참석하였다.
- 만일 C가 참석하지 않았다면 D도 참석하지 않았다.
- 만일 B가 참석하지 않았다면 F도 참석하지 않았다.

① A, B, C, F
② A, C, D, F
③ B, C, D, E
④ B, C, D, F

정답해설 E가 병가로 참석하지 못했으므로 두 번째 조건에 따라 D는 참석하였음을 알 수 있다.

세 번째 조건의 대우(D가 참석하였다면 C도 참석하였다.)도 성립하므로 C도 참석하였다.

네 번째 조건에 따라 B가 참석하지 않은 경우 F도 참석하지 않았는데 이 경우 최대 참석자는 3명(A, C, D)이 되어 문제의 조건에 맞지 않는다. → B가 참석했고, F도 참석했음을 알 수 있다.

B가 참석했으므로 첫 번째 조건에 따라 A는 참석하지 않았음을 알 수 있다.

따라서 B, C, D, F가 임원회의에 참석하였다.

10 어떤 교수가 수요일부터 금요일에 걸쳐 시험을 본다고 한 경우, 다음 조건을 만족시킨다면 주희는 무슨 요일에 누구와 시험을 보게 되는가? (단, 시험은 하루에 두 명씩 볼 수 있다.)

- 민희는 목요일에 시험을 본다.
- 수경은 수요일에 시험을 보지 않는다.
- 정민은 민희와 시험을 보지 않는다.
- 영철은 수경과 시험을 본다.
- 경수는 정민과 시험을 보지 않는다.

① 수요일, 정민   ② 목요일, 민희

③ 금요일, 수경   ④ 수요일, 영철

구분	수요일	목요일	금요일
민희		○	
수경			○
정민	○		
영철			○
경수		○	

조건에 따르면 위 표처럼 구분이 된다. 따라서 시험은 하루에 두 명씩 볼 수 있으므로 주희는 정민과 같이 수요일에 시험을 본다.

11 다음 주어진 조건만을 가지고 판단할 때 항상 옳은 것은?

- A는 B의 장모이다.
- B와 C는 부부이다.
- C는 D의 어머니이다.
- E는 A의 외손녀이다.
- C에게는 형제, 자매가 없다.

① D와 E는 남매이다.
② B는 E의 아버지이다.
③ C는 A의 사위이다.
④ A는 D의 친할아버지이다.

정답해설 주어진 조건으로 확인할 수 있는 것은 B와 C는 부부이며 A는 C의 어머니, D와 E는 B와 C의 자녀라는 것이다. 또한 B는 남자, A, C, E는 여자이며, D의 성별은 판단할 수 없다.

오답해설 ① 주어진 조건만으로는 D의 성별을 판단할 수 없다.
③ C는 A의 외동딸이다.
④ A는 E와 D의 외할머니이다.

12 게임을 하기 위해 A, B, C, D, E, F, G, H, I는 세 명씩 세 팀으로 편을 나누려고 한다. 다음 조건을 만족시키는 경우 팀을 바르게 연결한 것은?

- A와 B는 같은 팀이 될 수 없다.
- E는 G와 같은 팀이 될 수 없다.
- F와 G는 같은 팀이어야 하며, B와 같은 팀이 될 수 없다.
- D와 H는 같은 팀이어야 한다.
- C는 I와 같은 팀이어야 하며, B와 같은 팀이 될 수 없다.

① A, C, E　　　　　② B, E, I
③ C, D, H　　　　　④ A, F, G

정답해설 첫 번째 조건에 의해 (A, □, □), (B, □, □), (□, □, □) 으로 나누어진다.
세 번째와 네 번째, 다섯 번째 조건에 따라 (A, □, □), (B, D, H), (□, □, □)으로 나누어진다는 것을 알 수 있다.
C와 I가 같은 팀이 되고, F와 G가 같은 팀이 되면서 두 번째 조건을 만족시키려면 (A, F, G), (B, D, H), (C, E, I)로 팀이 나누어진다.

이 문제 종요!

13 다음 조건에 따를 때 L사에 입사한 재상이 가지고 있는 자격증은 최대 몇 개인가? (자격증은 (가), (나), (다), (라), (마) 5종류이다.)

- L사에 지원하기 위해서는 반드시 (가)자격증을 가지고 있어야 한다.
- (다)자격증을 취득하기 위해서는 먼저 (나)자격증을 취득해야 한다.
- (가)자격증 시험에 지원하기 위해서는 (라)자격증을 가지고 있어야 한다.
- (라)자격증 시험에 지원하기 위해서는 (마)자격증을 취득하고, 1년 이상의 기간이 경과하여야 한다.
- (나)자격증을 가지고 있는 사람은 (마)자격증 시험에 지원할 수 없고, (마)자격증을 취득하면 (나)자격증 시험에 지원할 수 없다.

① 1개　　　　　② 2개
③ 3개　　　　　④ 4개

정답해설 첫 번째 조건에 따라 재상이는 (가)자격증을 가지고 있다.
세 번째 조건에서 (가)자격증을 취득하기 위해서는 (라)자격증이 있어야 한다고 했으므로 재상은 (라)자격증도 가지고 있다.
네 번째 조건에 따라 재상은 (마)자격증도 가지고 있어야 한다.
다섯 번째 조건에 따라 재상은 (나)자격증은 가지고 있지 않다.

두 번째 조건에 따라 재상은 (다)자격증도 취득할 수 없다.
따라서 재상이 가지고 있는 자격증은 (가), (라), (마) 세 개다.

14 A~D 4개의 상자 앞에 다음과 같은 안내문이 붙어 있는데, 이 중 하나만 참이라고 한다. 3개의 상자 안에는 각각 보물, 괴물, 책이 들어 있고 남은 한 상자는 비어 있다. 괴물이 들어 있는 상자로 옳은 것은?

- A의 안내문 : C에는 보물이 들어 있다. 책이 들어 있는 상자는 D이다.
- B의 안내문 : 이 상자에는 책이 들어 있다. A는 빈 상자이다.
- C의 안내문 : 이 상자는 비어 있다. D에는 괴물이 들어 있다.
- D의 안내문 : 이 상자에는 책이 들어 있다. C의 안내문은 참이다.

① A   ② B
③ C   ④ D

 A의 안내문에서는 책이 들어 있는 상자는 D라고 하였는데, D의 안내문에서도 같은 내용을 언급하였으므로 A의 안내문이 참이면 D의 안내문도 참이 된다. 그러나 참인 안내문은 하나뿐이므로 A의 안내문은 거짓이다. 즉, C에는 보물이 들어 있지 않으며 D에는 책이 들어 있지 않다. C의 안내문에 따르면 C는 비어 있다. 그런데 D의 안내문에서는 C의 안내문이 참이라고 하였으므로, C와 D의 안내문은 동시에 참이 된다. 그러므로 C와 D의 안내문은 둘 다 거짓이다. 즉, C는 비어 있지 않으며, D에는 책이나 괴물이 들어 있지 않다.

A, C, D의 안내문이 모두 거짓이므로 B의 안내문이 참이다.

A : 비어 있음
B : 책
C : 괴물
D : 보물

15 A, B, C, D, E 5개의 국가에서는 다음 내용과 같이 수출입을 한다고
한다. 각국의 수입품과 수출품을 바르게 짝지은 것은?

- 한 국가에서 수입할 수 있는 물건은 한 가지 뿐이고, 생산할 수 있는 물건도 한 가지 뿐
  이다.
- 모든 나라들은 생산한 물건을 전부 외국으로 수출한다.
- A국의 수출품은 부채이지만 A국에서는 부채의 재료인 종이가 생산되지 않는다.
- B국은 D국으로부터 물건을 수입하고 E국으로 물건을 수출한다.
- C국은 지우개를 수입하고 종이를 수출한다.
- D국은 A국으로부터 물건을 수입하고 펜을 수출한다.
- E국은 수입한 고무로 지우개를 만든다.

구분	수입품	생산품/수출품
① A국	종이	부채
② B국	부채	고무
③ D국	고무	펜
④ E국	지우개	고무

구분	수입품	생산품/수출품
A	종이	부채
B	펜	고무
C	지우개	종이
D	부채	펜
E	고무	지우개

16 어느 회사에서 중요한 서류를 도난당했다. 조사에 따르면 밤 11시쯤 도난당한 것이라고 한다. 경찰은 용의자로 성준, 유리, 진수, 상협, 수미를 지목하여 다음과 같은 진술을 얻었다. 다섯 명 중 두 명이 거짓말을, 나머지 셋이 진실을 말하고 있으며, 범인은 거짓말을 한 사람 중에 있다. 범인은?

- 성준 : 나는 그날 밤 10시부터 2시간가량 명동에서 아버지를 만났다.
- 유리 : 수미와 상협은 모두 범인이 아니지만, 두 사람 중 참인 진술은 수미가 한 것뿐이다.
- 진수 : 나는 그날 밤 11시경 회사 근처에서 수미를 보았다.
- 상협 : 나는 범행이 있던 시간에 방배역에서 성준과 함께 술을 마시고 있었다.
- 수미 : 나는 범행이 있던 시간에 집 전화로 친구와 통화를 하고 있었다.

① 성준   ② 진수
③ 상협   ④ 수미

 성준의 진술이 참일 경우, 같은 시각 다른 장소에서 성준과 술을 마시고 있었다는 상협의 진술은 거짓이 된다. 그러므로 성준과 상협 중 적어도 한 사람은 거짓말을 하고 있다.
진수의 진술이 참일 경우, 같은 시각 집에 있었다는 수미의 진술은 거짓이 된다. 그러므로 진수와 수미 중 적어도 한 사람은 거짓말을 하고 있다.
거짓말을 하고 있는 사람은 두 사람이므로 유리의 진술은 참이다. 그러므로 수미와 진수 중 거짓말을 한 사람은 진수이고, 성준과 상협 중 거짓말을 한 사람은 상협이 된다. 그런데 상협은 범인이 아니므로 범인은 진수이다.

이문제중요★

17 7층짜리 아파트에 신애, 연미, 인선, 미주, 철중, 가민, 혜인이 살고 있다. 다음 진술이 모두 참일 때, 각자 살고 있는 층을 잘못 연결한 것은?(단, 한 사람이 한 층을 전부 사용함)

- 미주는 인선의 아래층에 살고, 가민은 신애보다 3개 층 위에 산다.
- 1층에 사는 사람은 연미가 아니다.

- 연미는 혜인의 위층에 살고, 철중은 혜인보다 낮은 층에 산다.
- 미주는 6층에 살고, 신애는 2층에 산다.

① 가민 – 5층
③ 철중 – 1층
② 연미 – 7층
④ 혜인 – 3층

 정답해설 정확하게 층이 제시된 미주와 신애를 기준으로 삼는다.

7층	인선
6층	미주
5층	가민
4층	연미
3층	혜인
2층	신애
1층	철중

18
색깔이 다른 6개의 컵에 각각 다른 음료가 담겨 있다. 컵의 위치 및 내용물이 다음 진술과 같을 때, 컵의 색깔과 내용물이 바르게 짝지어진 것은?

- 커피가 담긴 컵은 초록색 컵의 왼쪽 옆에 있다.
- 검은색 컵은 오른쪽 끝에 있으며, 물이 담긴 컵은 왼쪽 끝에 있다.
- 사이다가 담긴 컵은 주스가 담긴 파란 컵 옆에 있다.
- 빨간색 컵과 초록색 컵은 나란히 놓여 있다.
- 노란색 컵은 빨간색 컵과 주황색 컵 사이에 있다.
- 물이 담긴 컵은 노란색 컵의 옆에 있다.
- 우유가 담긴 컵은 주스가 담긴 컵의 왼쪽 옆에 있다.
- 콜라가 담긴 컵은 커피가 담긴 컵의 옆에 있다.

① 노란색 컵 – 물
③ 초록색 컵 – 콜라
② 빨간색 컵 – 우유
④ 검은색 컵 – 사이다

정답 해설 진술들을 종합하여 정리해보면,

주황색	노란색	빨간색	초록색	파란색	검은색
물	콜라	커피	우유	주스	사이다

 이문제중요★

19

각 층마다 콘셉트를 정하여 물건을 판매하는 7층짜리 쇼핑몰이 있다. 각 층의 콘셉트를 정할 때 다음을 기준으로 하였다면, 각 층의 콘셉트를 잘못 연결한 것은?

- 의류를 판매하는 층 바로 위에는 스포츠용품을 판매하는 층이 와야한다.
- 1층에서는 가전 제품을 판매한다.
- 식당은 가능한 높게 위치하도록 한다.
- 서점은 가능한 낮게 위치하도록 한다.
- 의류는 4층에서 판매한다.
- 유아용품을 판매하는 층은 스포츠용품을 판매하는 층보다 2층 아래에 위치해야 한다.
- 사무용품을 판매하는 층은 식당보다 1층 아래에 위치해야 한다.

① 2층 – 서점   ② 3층 – 유아용품

③ 6층 – 스포츠용품   ④ 7층 – 식당

정답 해설

7층	식당
6층	사무용품
5층	스포츠용품
4층	의류
3층	유아용품
2층	서점
1층	가전 제품

20 색깔이 다른 5개의 선물 상자가 있다. 선물을 준비한 사람이 남긴 쪽지에 따라 자신이 원하는 선물을 받고자 한다. 다음 중 상자와 그 안에 들어 있는 선물을 바르게 짝지은 것은?

- 모자는 노란색 상자나 파란색 상자에 들어 있다.
- 책은 초록색 상자나 빨간색 상자에 들어 있다.
- 옷은 흰색 상자나 노란색 상자에 들어 있다.
- 구두는 파란색 상자나 빨간색 상자에 들어 있다.
- 화장품은 흰색 상자에 들어 있다.

① 빨간색 상자 – 책　　　　② 빨간색 상자 – 옷
③ 파란색 상자 – 모자　　　④ 노란색 상자 – 모자

초록색	빨간색	파란색	노란색	흰색
책	구두	모자	옷	화장품

소요시간		채점결과	
목표시간	20분	총 문항수	20문항
실제 소요시간	(　)분 (　)초	맞은 문항 수	(　)문항
초과시간	(　)분 (　)초	틀린 문항 수	(　)문항

기출유형분석

🕐 문제풀이 시간 : 1분

▶ 다음 지문에 해당하는 논리적 오류를 고르시오.

꿈은 무의식의 세계이다. 인생은 한낱 꿈에 불과하다. 그러므로 인생은 무의식의 세계
이다.

① 합성의 오류   ② 분할의 오류
③ 복합 질문의 오류   ④ 애매어의 오류

 '꿈'이라는 말의 의미를 혼용하여 생기는 '애매어의 오류'를 범하고 있다.

 논리적 오류

- **심리적 오류** : 논지에 대해 심리적으로 설득시키려 할 때 범하는 오류
  - **감정에의 호소** : 동정, 연민, 공포, 증오 등의 감정에 호소해서 논지를 받아들이게 하는 오류
  - **사적 관계에의 호소** : 정 때문에 논지를 받아들이게 하는 오류
  - **군중에의 호소** : 군중 심리를 자극하여 논지를 받아들이게 하는 오류
  - **부적합한 권위에의 호소** : 논지와 직접적인 관련이 없는 권위자의 견해를 근거로 신뢰하게 하는 오류
  - **인신공격** : 주장하는 사람의 인품, 직업, 과거 정황을 트집 잡아 비판하는 오류
  - **원천 봉쇄의 오류** : 반론의 가능성이 있는 요소를 원천적으로 비난하여 봉쇄하는 오류
- **자료적 오류** : 자료(논거)에 대해 잘못 판단할 때 범하는 오류
  - **성급한 일반화의 오류** : 제한된 정보, 부적합한 증거, 대표성을 결여한 사례를 근거로 일반화하는 오류
  - **잘못된 유추의 오류** : 비유를 부당하게 적용함으로써 발생하는 오류
  - **무지에의 호소** : 증명할 수 없거나 알 수 없음을 들어 거짓이라고 추론하는 오류
  - **논점 일탈의 오류** : 논점과 관계없는 것을 제시하여 무관한 결론에 이르게 되는 오류
- **언어적 오류** : 언어를 잘못 사용하여 범하는 오류
  - **애매어의 오류** : 둘 이상의 의미를 가진 말을 애매하게 사용함으로써 생기는 오류
  - **은밀한 재정의의 오류** : 용어의 의미를 자의적으로 재정의하여 사용함으로써 생기는 오류
  - **애매문의 오류** : 어떤 문장의 의미가 두 가지 이상으로 해석되는 오류
  - **강조의 오류** : 문장의 어느 한 부분을 강조하여 발생하는 오류
  - **사용과 언급을 혼동하는 오류** : 사용한 말과 언급한 말을 혼동해서 생기는 오류

정답 ④

[01~03] 다음 지문에 해당하는 논리적 오류를 고르시오.

총 문항 수 : 3문항 | 총 문제풀이 시간 : 3분 | 문항당 문제풀이 시간 : 1분

01

어떤 생명공학자는 세계 최초로 인간 체세포의 핵을 인간 난자에 주입해 핵이식 난자를 만든 다음, 전기자극을 통해 세포분화를 유도함으로써 배반포 단계까지 발육시키는 데 성공하였다. 그러나 그 생명공학자는 논문의 작성 과정과 내용에 조작 의혹이 제기되어 연구가 중단된 적이 있다. 따라서 그가 발표한 결과는 믿을 수가 없다.

① 우연의 오류　　　　　　　② 애매어 사용의 오류
③ 인신 공격의 오류　　　　　④ 흑백 논리의 오류

정답해설 제시문은 어떤 사람의 인품, 직업, 과거의 정황 등을 트집 잡아 비판하는 '인신 공격의 오류'를 범하고 있다.

이 문제 중요!

02

한 가정의 생활비 중 50% 가까이를 사교육비로 지출하는 게 우리나라요, 한 나라에서 17조 원에 달하는 돈이 사교육비로 든다는 것이 우리의 현실이다. 따라서 한 가정의 생활비 중에서 사교육비가 차지하는 비중을 줄여야만 우리의 교육이 선진화될 수 있다.

① 공통 원인의 오류　　　　　② 의도 확대의 오류
③ 성급한 일반화의 오류　　　④ 잘못된 인과 관계의 오류

정답해설 지문은 인과 관계가 없는 두 사건이 시간상으로 동시에 또는 선후 관계가 성립한다는 이유로 한 사건이 다른 사건의 원인이라고 규정할 때 생기는 '잘못된 인과 관계의 오류'를 범하고 있다.

03

> 왕이 음악을 듣고 크게 기뻐하자, "가야는 이미 망한 나라인데, 그 나라의 음악을 취하는 것은 온당치 못한 일입니다." 하고 신하들이 간언하였다.

① 도박사의 오류　　　　　　② 전건 부정의 오류
③ 연민에 호소하는 오류　　　④ 발생학적 오류

 제시문은 어떤 사실이나 이념 또는 사물의 기원을 그것의 속성으로 잘못 생각하여 발생하는 '발생학적 오류'를 범하고 있다.

[04~06] 다음 제시된 오류와 관련이 있는 것은?

총 문항 수 : 3문항 | 총 문제풀이 시간 : 3분 | 문항당 문제풀이 시간 : 1분

04

> 김소월은 한국인의 전통적 정서와 율격이 혼연 일체가 된 민요시를 써서 수많은 독자를 사로잡은 민족 시인이다. 그러나 애석하게도 그는 서른두 살의 나이로 죽었다. '메밀꽃 필 무렵'이란 작품을 발표하여 산문인 소설을 시의 경지에까지 끌고 갔다는 평을 받는 이효석도 삼십 대의 나이에 세상을 떠나고 말았다. 뿐만 아니라, 1935년에 조선일보 신춘문예에 '소낙비'가 당선되어 문단에 나온 김유정도 약 2년여 동안 주옥같은 작품들을 왕성하게 발표하였으나, 결국은 서른 살에 병사(病死)하고 말았다. 이러한 사실들로 미루어 볼 때, 천재성을 발휘하는 작가들은 요절(夭折)한다는 말이 과히 틀린 말은 아닌 것 같다.

① 너는 이제 누이동생과 다투는 일을 그만 두었느냐?
② 당신은 참 훌륭한 선수야. 그러니 당신의 야구단도 매우 훌륭한 팀일 거야.

③ 귀신은 분명히 있어. 귀신이 없다고 증명한 사람이 이제까지 없었거든.

④ 걸인들은 동정을 받을수록 점점 게을러질 뿐이야. 내가 지금까지 세 사람에게 동정을 베푼 적이 있는데, 셋 다 그랬거든.

정답해설 지문은 소수의 사례로부터 '천재성을 발휘하는 문학가는 요절한다.'라는 성급한 일반화의 오류를 범하고 있다. 이와 같은 오류를 범하고 있는 것은 ④이다.

05

그들은 제가 마치 뛰어난 웅변가나 되는 것처럼 말하였습니다. 그러나 저는 대단한 웅변가가 아닙니다. 이 점으로 보아 그들을 완전히 거짓말쟁이라고 하지 않을 수 없습니다.

① 그 남자는 미남이 아니다. 그러므로 그는 추남임이 틀림없다.

② 이제는 정말 날 좋아하는 거지?

③ 김 씨는 어제 회사에 1시간이나 늦게 왔다. 이로 보아 그는 결코 신용할 수 없는 사람이다.

④ 내 충고를 받아들이지 않으면 차후에 일어나는 모든 사태의 책임은 너에게 있음을 분명히 해 두자.

정답해설 ③ 성급한 일반화의 오류

오답해설 ① 흑백 사고의 오류
② 복합 질문의 오류
④ 공포 · 위력 등 감정에 호소하는 오류

06

오늘날 많은 나라에서 사형제도가 그대로 유지되는 것은 사형이 곧 복수(復讐)이기 때문이다. 정부나 사회가 피해자의 대리로서 범인에게 복수한다는 것이다. 그러나 그것은 복수로서는 지나친 감이 있다. 왜냐하면 사형수는 선고가 내려진 순간부터 죽음보다 더 무거운 고뇌를 경험해야 하며, 그의 근친은 사회에서 냉대를 받아야 하기 때문이다.

또한 피해자의 대리격인 정부나 사회가 결코 무죄하다고 할 수는 없으며, 범죄에 대해서 큰 책임이 있다. 나쁜 정치가는 범인 못지않게 악질이며, 정치는 범죄를 자극한 책임이 있는 것이다. 가령, 프랑스에서 살인을 범한 자는 대개가 음주자의 아들이거나 알코올중독자이지만, 정부는 주세를 많이 징수하기 위해서 음주를 권하고 있다. 즉, 자기들에게 이익을 주는 자를, 더욱 죄를 범하게 하여 그들을 죽인다.

① 너는 뭘 잘했다고 그래? 영어 시험 점수는 나보다 형편없으면서.
② 소금을 많이 먹으면 혈압이 높아져 죽을 확률이 높아진다는 것도 모르니?
③ 오늘은 운전면허 시험을 보지 않는 게 좋겠어. 간밤에 넘어지는 꿈을 꾸었거든.
④ 그녀는 언제나 차분하고 예뻐서, 이 일도 책임감 있게 잘 처리할 것 같아.

정답해설 지문은 의도하지 않은 결과나 행위에 대해 의도가 작용했다고 보는 의도 확대의 오류이다.
② 의도 확대의 오류

오답해설 ① 역공격의 오류
③ 인과관계의 오류
④ 잘못된 유추의 오류

소요시간		채점결과	
목표시간	6분	총 문항수	6문항
실제 소요시간	( )분( )초	맞은 문항 수	( )문항
초과시간	( )분( )초	틀린 문항 수	( )문항

기출유형분석

▶ 다음에 제시된 단어들의 관계와 유사한 것을 고르시오.

구두 - 켤레

① 기와 - 접 ② 북어 - 쾌
③ 바늘 - 코 ④ 인삼 - 축

정답 해설 구두의 단위는 '켤레'이며, 북어의 단위는 '쾌'이다. 북어 1쾌는 20마리이다.

오답 해설
① 기와를 묶어서 세는 단위는 '우리'이다.(한 우리=기와 2,000개)
 '접'은 과일이나 채소를 묶어서 세는 단위이다.
③ 바늘을 묶어서 세는 단위는 '쌈'이다.(한 쌈=바늘 24개)
 '코'는 낙지, 명태 따위를 세는 단위이다.(한 코=20마리)
④ 가공하지 않은 인삼을 묶어 세는 단위를 '채'라고 한다.(한 채=인삼 100근)
 '축'은 말린 오징어 따위를 묶어서 세는 단위이다.(한 축=20마리)

정답 ②

[01~05] 다음에 제시된 단어들의 관계와 유사한 것을 고르시오.

총 문항 수 : 5문항 | 총 문제풀이 시간 : 5분 | 문항당 문제풀이 시간 : 1분

01

낱말 - 문장

① 선 - 면 ② 면 - 원
③ 선 - 직선 ④ 원 - 뿔

정답 해설 낱말이 모여 문장을 이루고 선이 모여 면을 이룬다.

📢 이 문제 중요!⭐

02

┌─────────────────────────────────────┐
│   종이 – 나무   │
└─────────────────────────────────────┘

① 밤 – 도토리　　　　　　② 가위 – 풀
③ 유기그릇 – 놋쇠　　　　④ 사탕 – 초콜릿

정답해설 종이는 나무를 재료로 하여 만들어지고, 유기그릇(놋그릇)은 놋쇠를 재료로 하여 만들어진다.

03

┌─────────────────────────────────────┐
│   공업 – 산업   │
└─────────────────────────────────────┘

① 햇빛 – 선글라스　　　　② 발 – 운동화
③ 돼지 – 가축　　　　　　④ 개나리 – 봄

정답해설 공업은 산업의 하위 개념이다. 돼지는 가축의 일종이다.

04

┌─────────────────────────────────────┐
│   완화 – 긴축   │
└─────────────────────────────────────┘

① 고매 – 고결　　　　　　② 시사 – 암시
③ 찬조 – 협찬　　　　　　④ 집중 – 분산

완화와 긴축은 서로 반의어 관계 이므로 이와 같은 관계를 고르면 집중과 분산이다.
④ **분산(分散)** : 갈라져 흩어짐

 ① **고매(高邁)** : 성품이나 학식 따위가 높고 뛰어나다. ㉤ 고결(高潔)
② **시사(示唆)** : 어떤 것을 미리 간접적으로 표현해 줌 ㉤ 암시(暗示)
③ **찬조(贊助)** : 어떤 일의 뜻에 찬동해 도와줌 ㉤ 협찬(協贊)

05

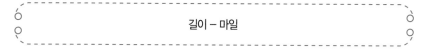

길이 – 마일

① 무게 – 킬로그램   ② 미터 – 센티미터
③ 킬로미터 – 높이   ④ 거리 – 속도

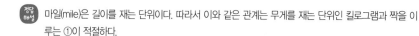 마일(mile)은 길이를 재는 단위이다. 따라서 이와 같은 관계는 무게를 재는 단위인 킬로그램과 짝을 이루는 ①이 적절하다.

소요시간		채점결과	
목표시간	5분	총 문항수	5문항
실제 소요시간	( )분 ( )초	맞은 문항 수	( )문항
초과시간	( )분 ( )초	틀린 문항 수	( )문항

기출유형분석

⏰ 문제풀이 시간 : 1분

▶ 단어의 상관관계를 이해한 뒤 빈칸에 들어갈 알맞은 단어를 고르시오.

데면데면하다 : (   ) = 관대하다 : 옹졸하다

① 상냥하다   ② 범연하다
③ 범범하다   ④ 퉁명스럽다

정답 해설
'관대하다'와 '옹졸하다'는 반의관계에 있는 단어이다. 따라서 빈칸에는 '데면데면하다'의 반대말인 '상냥하다'가 들어가는 것이 적절하다.
데면데면하다 : 1. 사람을 대하는 태도가 친밀감이 없이 예사롭다.
                2. 성질이 꼼꼼하지 않아 행동이 신중하거나 조심스럽지 아니하다.
관대하다 : 마음이 너그럽고 크다.
옹졸하다 : 성품이 너그럽지 못하고 생각이 좁다.
②, ③, ④ '데면데면하다'와 비슷한 의미를 가진 말들이다.

핵심 정리
제시된 단어 쌍 간의 관계가 동일해지도록 빈칸에 들어갈 적절한 단어를 고르는 유형이다. 유의관계, 반의관계, 상하관계, 상대관계 등 다양한 관계가 제시되므로 신속한 문제 풀이를 위해서는 탄탄한 어휘력이 반드시 요구된다.

정답 ①

[01~08] 단어의 상관관계를 이해한 뒤 빈칸에 들어갈 알맞은 단어를 고르시오.

총 문항 수 : 8문항 | 총 문제풀이 시간 : 8분 | 문항당 문제풀이 시간 : 1분

01

눈 : (   ) = 카메라 : 렌즈

① 망막   ② 홍채
③ 동공   ④ 수정체

우리 신체 기관인 '눈'에서 카메라의 렌즈와 같이 빛을 모아주는 역할을 하는 것은 '수정체'이다.
① '망막'은 필름과 같이 영상이 맺힌다.
② '홍채'는 카메라의 조리개와 같이 빛의 양을 조절하는 역할을 한다.

02

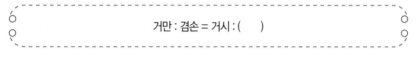

거만 : 겸손 = 거시 : (　　)

① 관조　　　　　　　　　　② 착시
③ 안목　　　　　　　　　　④ 미시

 거만 : 잘난 체하며 남을 업신여기는 데가 있음
겸손 : 남을 높이고 자신을 낮추는 태도가 있음
거시 : 어떤 대상을 전체적으로 크게 봄
미시 : 작게 보임. 또는 작게 봄

03

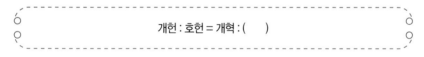

개헌 : 호헌 = 개혁 : (　　)

① 개선　　　　　　　　　　② 계몽
③ 혁신　　　　　　　　　　④ 수구

 개헌은 헌법을 고치는 것이고, 호헌은 헌법을 옹호하는 것이다(반의어 관계). 개혁은 정치 체제나 사회 제도 등을 합법적·점진적으로 새롭게 고쳐 나가는 것이고, 수구는 묵은 관습이나 제도를 그대로 지키고 따르는 것이다.

04

┌─────────────────────────────────────┐
│   지천명 : 50세 = (   ) : 40세   │
└─────────────────────────────────────┘

① 고희   ② 이순
③ 방년   ④ 불혹

 '지천명(知天命)'은 쉰 살(50세)을 달리 이르는 말이다. 따라서 빈칸에는 마흔 살(40세)을 달리 이르는 말인 '불혹(不惑)'이 들어가야 한다.

 연령을 나타내는 한자어
- 15세 : 지학(志學), 성동(成童)
- 20세 : 약관(弱冠), 약년(弱年)
- 30세 : 이립(而立)
- 40세 : 불혹(不惑)
- 50세 : 지천명(知天命)
- 60세 : 이순(耳順)
- 61세 : 화갑(華甲), 환갑(還甲), 주갑(周甲), 환력(還曆), 회갑(回甲)
- 70세 : 고희(古稀), 종심(從心), 희수(稀壽)
- 80세 : 팔순(八旬), 산수(傘壽)
- 90세 : 졸수(卒壽)
- 99세 : 백수(白壽)
- 100세 : 상수(上壽)

05

┌─────────────────────────────────────┐
│   맥수지탄 : 풍수지탄 = 국가 : (   )   │
└─────────────────────────────────────┘

① 고향   ② 친구
③ 어버이   ④ 임금

맥수지탄(麥秀之嘆) : 멸망한 고국에 대한 한탄을 이르는 말
풍수지탄(風樹之嘆) : 어버이를 잃은 슬픔을 이르는 말

이 문제 중요!

06

시계 : 시침 = 단어 : ( )

① 구   ② 절
③ 문장   ④ 형태소

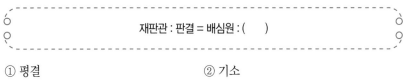시침은 시계의 구성요소이다. 따라서 빈칸에는 단어의 구성요소인 형태소가 들어가야 한다.

TIP **언어 형식 단위**

문장(文章) > 절(節) > 구(句) > 단어(單語) > 형태소(形態素) > 음운(音韻)

07

재판관 : 판결 = 배심원 : ( )

① 평결   ② 기소
③ 구형   ④ 변호

재판관은 판결(判決)을 하고 배심원은 평결(評決)을 한다.
배심원 : 법률 전문가가 아닌 일반 국민 가운데 선출되어 심리나 재판에 참여하고 사실 인정에 대하여 판단을 내리는 사람이다.

오답해설 ②, ③ 기소와 구형은 검사가 한다.
④ 변호는 변호사가 담당한다

08

우수리 : 잔돈 = 도롱이 : ( )

① 등불 ② 함정
③ 신발 ④ 비옷

정답해설 '우수리'는 물건 값을 제하고 거슬러 받는 잔돈을 뜻하는 우리말이다. 또한 '도롱이'는 짚, 띠 따위로 엮어 허리나 어깨에 걸쳐 두르는 비옷을 뜻하는 말이다.

소요시간		채점결과	
목표시간	8분	총 문항수	8문항
실제 소요시간	( )분 ( )초	맞은 문항 수	( )문항
초과시간	( )분 ( )초	틀린 문항 수	( )문항

기출유형분석

1DAY 2DAY 3DAY

⏰ 문제풀이 시간 : 1분

▶ 다음 중 빈칸에 들어갈 단어가 순서대로 바르게 연결된 것을 고르시오.

> 영겁 : 찰나 = ( ) : ( )

① 고의, 과실　　　　　　　　② 공헌, 기여

③ 짐짓, 일부러　　　　　　　④ 효용, 효능

정답해설 '영겁(永劫)'과 '찰나(刹那)'는 반의어관계이다. 따라서 빈칸에는 반의어관계인 '고의(故意)'와 '과실(過失)'이 들어가야 한다.

영겁(永劫) : 영원한 세월을 이르는 말이다.

찰나(刹那) : 매우 짧은 시간을 이르는 말이다.

① **고의(故意)** : 일부러 하는 생각이나 태도를 이르는 말이다.

　과실(過失) : 부주의나 태만 따위에서 비롯된 잘못이나 허물을 이르는 말이다.

오답해설 ②, ③, ④ 모두 유의어관계이다.

정답 ①

[01~09] 다음 중 빈칸에 들어갈 단어가 순서대로 바르게 연결된 것을 고르시오.

총 문항 수 : 9문항 | 총 문제풀이 시간 : 9분 | 문항당 문제풀이 시간 : 1분

01

> 고구마 : ( ) = ( ) : 줄기

① 열매, 더덕　　　　　　　　② 뿌리, 토마토

③ 줄기, 당근　　　　　　　　④ 뿌리, 감자

 정답해설 고구마는 뿌리에 달린 뿌리식물이며, 감자는 줄기부분에 달린 줄기식물이다.

02

도로(道路) : 국도(國道) = (   ) : (   )

① 스승, 제자
③ 다각형, 사각형

② 부모, 자녀
④ 남편, 아내

정답해설 '도로(道路)'와 '국도(國道)'는 상하관계이므로 빈칸에는 '다각형'과 '사각형'이 들어가는 것이 적절하다.
국도(國道) : 나라에서 직접 관리하는 도로로 고속 국도와 일반 국도가 있다.
다각형 : 셋 이상의 직선으로 둘러싸인 평면 도형으로 삼각형, 사각형, 오각형 등이 포함된다.

오답해설 ①, ②, ④ 어떤 의미를 보다 명확하게 하기 위하여 대응되는 상대(相對)관계에 해당한다.

03

(   ) : (   ) = 횡단 : 종단

① 우연, 필연
③ 시작, 시초

② 무단, 대륙
④ 단면, 단면적

정답해설 '횡단(橫斷)'과 '종단(縱斷)'은 반의어관계이다. 따라서 빈칸에는 반의어관계인 '우연(偶然)'과 '필연(必然)'이 들어가는 것이 적절하다.
우연(偶然) : 아무런 인과관계가 없이 뜻하지 아니하게 일어난 일을 이르는 말이다.
필연(必然) : 사물의 관련이나 일의 결과가 반드시 그렇게 될 수밖에 없음을 이르는 말이다.

04

오상고절 : ( ) = ( ) : 대나무

① 오월동주, 소나무　　　　② 매화, 세한고절
③ 국화, 세한고절　　　　　④ 겨울, 여름

정답해설 **오상고절(傲霜孤節)** : 서릿발이 심한 추위 속에서도 굴하지 않고 홀로 꼿꼿하다는 뜻으로 '충신' 또는 '국화'를 뜻한다.
세한고절(歲寒孤節) : 추운 계절에도 홀로 푸르른 대나무를 이르는 말이다.

오답해설 ① **오월동주(吳越同舟)** : 오나라 사람과 월나라 사람이 한 배에 타고 있다는 뜻으로 어려운 상황에서는 원수라도 협력하게 됨, 뜻이 전혀 다른 사람들이 한자리에 있게 됨을 이르는 말이다.

05

식혜 : 엿기름 = ( ) : ( )

① 막걸리, 누룩　　　　　② 막걸리, 발효
③ 가자미, 누룩　　　　　④ 소주, 밀가루

정답해설 식혜는 엿기름의 당화 효소를 이용해서 만드는 전통음료이다. 또한 막걸리는 찹쌀·멥쌀·보리·밀가루 등을 쪄서 누룩과 물을 섞은 후에 발효시킨 한국 고유의 술이다.

06

초가 : ( ) = 너와집 : ( )

① 돌, 볏짚   ② 볏짚, 기와
③ 길대, 소나무   ④ 시멘트, 떡갈나무

정답해설 초가는 갈대, 새, 볏짚 등으로 지붕을 덮은 집을 말하고 너와집은 지붕을 붉은 소나무 조각으로 덮은 집을 말한다.

07

신부 : (   ) = (   ) : 연기

① 미사, 배우   ② 신랑, 연탄
③ 기도, 영화   ④ 고백, 운동

정답해설 '신부(神父)'는 '미사'를 지내고, '배우'는 '연기'를 한다.

08

그래피티 : 벽 = (   ) : (   )

① 컴퓨터, 마우스   ② 수묵화, 화선지
③ 유화, 화선지   ④ 비행기, 여권

정답해설 그래피티(Graffiti)는 벽에 쓰인 낙서나 그림을 말하며 수묵화는 화선지에 먹으로 그린 그림이다.

이 문제 중요★

09

( ) : ( ) = 적자 : 흑자

① 밀접, 친밀   ② 연장, 단축
③ 연장, 위축   ④ 의정부, 영의정

정답해설 적자와 흑자는 반의어 관계이다.
연장(延長) : 시간 또는 거리를 본래보다 길게 늘림
단축(短縮) : 일정 수준보다 짧게 줄임

오답해설 ① **밀접(密接)** : 아주 가깝게 맞닿아 있거나 그런 관계에 있음
친밀(親密) : 지내는 사이가 매우 친하고 가까움
③ **위축(萎縮)** : 어떤 힘에 눌려서 졸아들어 펴지지 못하거나 자라지 못함
④ 조선시대 의정부의 수장은 영의정이다.

소요시간		채점결과	
목표시간	9분	총 문항수	9문항
실제 소요시간	( )분 ( )초	맞은 문항 수	( )문항
초과시간	( )분 ( )초	틀린 문항 수	( )문항

2. 수리공간

⏰ 문제풀이 시간 : 1분

▶ 5%의 식염수 200g에 10%의 식염수 200g을 넣으면 몇 %의 식염수가 만들어지는가?

① 7%

② 7.5%

③ 8%

④ 8.5%

 5%의 식염수 200g의 식염 양 : $200 \times \dfrac{5}{100} = 10(g)$

10%의 식염수 200g의 식염 양 : $200 \times \dfrac{10}{100} = 20(g)$

$\therefore \dfrac{10+20}{200+200} \times 100 = 7.5(\%)$

 • 농도에 관한 공식

– 식염수의 농도 $= \dfrac{\text{식염의 양}}{\text{식염수의 양}} \times 100$

– 식염의 양 $= \dfrac{\text{식염수의 농도}}{100} \times$ 식염수의 양

– 식염수의 양 = 식염의 양 + 물의 양

정답 ②

[01~05] 다음 문제를 읽고 물음에 답하시오.

총 문항 수 : 5문항 | 총 문제풀이 시간 : 5분 | 문항당 문제풀이 시간 : 1분

01 8%의 소금물과 16%의 소금물을 섞었더니 10%의 소금물 300g이 되었다. 이 때 8%의 소금물의 양은?

① 215g   ② 220g
③ 225g   ④ 230g

정답해설 8%의 소금물의 양을 x라 하면, 16%의 소금물의 양은 $(300-x)$g이다.

소금의 양에는 변화가 없으므로 $x \times \dfrac{8}{100} + (300-x) \times \dfrac{16}{100} = 300 \times \dfrac{10}{100}$, $x = 225(\text{g})$

∴ 8% 소금물의 양은 225g이다.

02 15% 농도의 식염수 200g에 물을 넣어 5%의 식염수를 만든다. 이 때 필요한 물의 양은?

① 250g   ② 300g
③ 350g   ④ 400g

정답해설 15% 농도의 식염수 200g에서 식염의 양 : $\dfrac{15}{100} \times 200 = 30(\text{g})$

필요한 물의 양을 x라 하면, $\dfrac{30}{200+x} \times 100 = 5(\%)$

∴ $x = 400(\text{g})$

03 농도 14%의 소금물 300g에 물을 더 넣어 농도를 4%로 하려고 한다. 물을 얼마나 더 넣어야 하는가?

① 450g   ② 600g
③ 650g   ④ 750g

 농도가 14%인 소금물 300g의 소금의 양 : $\dfrac{14}{100} \times 300 = 42(\text{g})$

여기에 넣을 물의 양을 x라고 한다면

$4 = \dfrac{42}{300+x} \times 100$

$4,200 = 4(300+x)$, $x = 750(\text{g})$

∴ 750g의 물을 더 넣어야 한다.

04 5%의 식염수와 10%의 식염수를 섞어서 8%의 식염수 500g을 만들려고 한다. 이때 필요한 5%의 식염수의 양은?

① 200g   ② 300g
③ 400g   ④ 450g

 5%의 식염수 : x, 10%의 식염수 : y

$x+y = 500$

$\dfrac{5}{100}x + \dfrac{10}{100}y = \dfrac{8}{100} \times 500$

∴ $x = 200(\text{g})$, $y = 300(\text{g})$

📢 이 문제 중요★

05 12%의 소금물 200g에서 몇 g의 물을 증발시켰더니 15%의 소금물이 되었다. 증발시킨 물의 양을 구하면?

① 15g

② 23g

③ 40g

④ 45g

정답해설 증발시킨 물의 양을 x라 두면

12%의 소금물의 소금의 양 : $\dfrac{12}{100} \times 200 = 24(g)$

15%의 소금물의 소금의 양 : $\dfrac{15}{100} \times (200-x)(g)$

증발 후에도 소금의 양은 일정하므로

$24 = \dfrac{15}{100} \times (200-x)$

$\therefore x = 40(g)$

소요시간		채점결과	
목표시간	5분	총 문항수	5문항
실제 소요시간	( )분 ( )초	맞은 문항 수	( )문항
초과시간	( )분 ( )초	틀린 문항 수	( )문항

기출유형분석

▶ A군은 4km/h로 걷는다. A군이 80분 동안 걷는 거리를 B군은 100분 만에 걷는다. B군의 속력은 얼마인가?

① 3.2km/h   ② 3.4km/h

③ 3.8km/h   ④ 4km/h

 정답해설

거리＝속력×시간이므로

A군이 80분 동안 걷는 거리 : $4 \times 80(분) = 4 \times \dfrac{80}{60}(h) = \dfrac{16}{3}(km)$

∴ B군의 속력 : $\dfrac{16}{3} \div \dfrac{100}{60} = 3.2(km/h)$

 핵심정리

• 거리 · 속력 · 시간의 관계

  － 속력＝$\dfrac{거리}{시간}$

  － 거리＝속력×시간

  － 시간＝$\dfrac{거리}{속력}$

  － 평균속력＝$\dfrac{총\ 거리}{총\ 시간}$

정답 ①

[01~05] 다음 문제를 읽고 물음에 답하시오.

총 문항 수 : 5문항 | 총 문제풀이 시간 : 5분 | 문항당 문제풀이 시간 : 1분

01 장수가 시속 12km의 보트를 타고 강을 거슬러 24km를 올라가는데 총 2시간 40분이 걸렸다고 한다. 이때 흐르는 강물의 속력은 몇 km/h인가?

① 2km/h   ② 3km/h

③ 4km/h   ④ 5km/h

흐르는 강물의 속력을 $x$km/h라 두면, 시간$=\dfrac{거리}{속력}$이므로

$$\frac{24}{12-x}=\frac{160}{60}=\left(2\frac{40}{60}\right)$$
$$8(12-x)=3\times24$$
$$8x=24$$
$$\therefore x=3(\text{km/h})$$

02 버스가 시속 40km로 출발한 지 20분 후에 같은 지점에서 승용차가 시속 50km로 출발할 때, 승용차는 몇 분 후에 버스와 만나겠는가?

① 50분   ② 60분
③ 70분   ④ 80분

 버스가 20분 동안 간 거리는 $40\text{km/h}\times\dfrac{1}{3}\text{h}=\dfrac{40}{3}(\text{km})$

승용차가 버스와 만날 시간을 x라 하면,

버스가 승용차보다 $\dfrac{40}{3}$km 앞에 있는 상태에서 동시에 출발하여 만날 시간을 구하는 것이므로

$$40x+\frac{40}{3}=50x,\ x=\frac{4}{3}$$

$\therefore \dfrac{4}{3}$시간(80분) 후에 만난다.

03 산악회에서 등산을 갔는데 올라갈 때는 시속 3km의 속력으로 걷고, 내려올 때는 올라갈 때보다 4km 더 먼 다른 길을 시속 4km의 속력으로 걸어서 총 4시간 30분이 걸렸다. 이 산악회 회원들이 올라간 거리와 내려온 거리는 모두 몇 km인가?

① 6km   ② 10km
③ 14km   ④ 16km

정답 해설 올라간 거리를 $x(\mathrm{km})$라 하면 내려온 거리는 $x+4(\mathrm{km})$

총 시간이 4시간 30분이므로

$$\frac{x}{3}+\frac{x+4}{4}=4.5$$

$$4x+3(x+4)=4.5\times12$$

$$4x+3x+12=54$$

$$7x=42$$

$$x=6$$

따라서 올라간 거리는 6km, 내려온 거리는 10km이므로 구하는 거리는 16km이다.

04 A씨가 집을 나선지 15분 후에 B씨가 A씨를 따라 나섰다. A씨는 시속 8km로 자전거를 타고 갔고, B씨는 시속 12km로 자전거를 타고 갔다. B씨는 출발한지 몇 분 후에 A씨를 만나게 되는가?

① 20분 ② 25분

③ 30분 ④ 35분

정답 해설 주어진 속도는 시속이고 구하는 것은 분이기 때문에 분속으로 맞춰주면

B씨가 달린 시간을 x(분)이라 하면, 속도는 $\frac{12}{60}$km/분이므로 거리는 $\frac{12}{60}x$이다.

A씨가 달린 시간은 $x+15$(분), 속도는 $\frac{8}{60}$km/분이므로 거리는 $\frac{8}{60}(x+15)$이다.

두 사람의 거리가 같아지는 시간을 구하려면

$$\frac{12}{60}x=\frac{8}{60}(x+15)$$

$$12x=8x+120$$

$$4x=120$$

$$x=30$$

따라서 B씨가 나간 지 30분 후 A씨를 만나게 된다.

이문제중요!

05 길이가 900m인 화물열차가 어느 터널을 통과하는데 44초가 걸렸고, 길이가 420m인 특급열차가 이 터널을 화물열차의 2배의 속력으로 완전히 통과하는데 16초가 걸렸다. 이때 특급열차의 속력은?

① 50m/s   ② 60m/s

③ 70m/s   ④ 80m/s

정답해설

터널의 길이를 xm, 화물열차의 속력을 ym/s라 하면

$$\frac{x+900}{y}=44,\ x-44y=-900\ \cdots\ \textcircled{\small{ㄱ}}$$

$$\frac{x+420}{2y}=16,\ x-32y=-420\ \cdots\ \textcircled{\small{ㄴ}}$$

$\textcircled{\small{ㄱ}}$, $\textcircled{\small{ㄴ}}$을 연립하면 $y=40$

화물열차의 속력은 40m/s이므로

특급열차의 속력은 $40\times2=80$m/s

소요시간		채점결과	
목표시간	5분	총 문항수	5문항
실제 소요시간	( )분 ( )초	맞은 문항 수	( )문항
초과시간	( )분 ( )초	틀린 문항 수	( )문항

기출유형분석

⏱ 문제풀이 시간 : 1분

▶ 어느 가정의 1월과 6월의 가스요금 비율이 7 : 2이고, 1월의 가스요금에서 36,000원을 빼면 그 비율이 2 : 1이 된다. 1월의 가스요금은 얼마인가?

① 82,000원   ② 84,000원
③ 85,000원   ④ 86,000원

정답해설 1월 가스요금을 7k, 6월 가스요금을 2k라 하면
$7k - 36,000 : 2k = 2 : 1$
$2 \times 2k = 1 \times (7k - 36,000), \ k = 12,000$
∴ 1월 가스요금 : $7 \times 12,000 = 84,000$(원)

정답 ②

[01~05] 다음 문제를 읽고 물음에 답하시오.

총 문항 수 : 5문항 | 총 문제풀이 시간 : 5분 | 문항당 문제풀이 시간 : 1분

01 난영이가 가진 돈은 소영이가 가진 돈의 3배이다. 또 소영이가 가진 돈은 난영이가 가진 돈의 60%보다 340원 적다고 한다. 난영이와 소영이가 가진 돈의 액수는?

	난영	소영
①	975원	325원
②	1,125원	375원
③	1,275원	425원
④	1,425원	475원

 난영이가 가진 돈을 x, 소영이가 가진 돈을 y라고 할 때,
$x = 3y, \ y = 0.6x - 340$

이를 연립하여 풀면

$y = 0.6(3y) - 340$

$y = 1.8y - 340$

$\therefore x = 1,275$(원), $y = 425$(원)

$\therefore$ 난영이는 1,275원을 소영이는 425원을 가지고 있다.

📢 이 문제 중요★

02 L사의 작년 전체 사원수는 730명이었다. 올해는 남직원 수가 작년보다 5% 감소하고, 여직원 수가 2% 증가하여 전체 사원수는 718명이 되었다. 올해 남직원과 여직원 수는 각각 몇 명인가?

	남직원 수	여직원 수
①	364	354
②	363	355
③	362	356
④	361	357

정답 해설 작년 남직원 수를 x, 여직원 수는 y라 하면

$x + y = 730$

$(1 - 0.05)x + (1 + 0.02)y = 718$

$x = 380$이므로

올해의 남직원 수는 $380 \times 0.95 = 361$

올해의 여직원 수는 $718 - 361 = 357$

03 어떤 물건에 원가의 25%의 이익을 붙여서 정가를 매겼는데, 정가에서 300원을 할인해서 팔았더니 원가에 대하여 15%의 이익이 생겼다. 이 물건의 원가는 얼마인가?

① 3,600원   ② 3,400원

③ 3,200원   ④ 3,000원

 원가를 x라 하면

정가 : $x\left(1+\dfrac{25}{100}\right)$

판매가 : $x\left(1+\dfrac{25}{100}\right)-300$

$x\left(1+\dfrac{25}{100}\right)-300=x\left(1+\dfrac{15}{100}\right)$

$1.25x-300=1.15x$

$0.1x=300$

$\therefore x=3,000(원)$

04 A, B 두 회사의 작년 자동차 판매량의 합은 300대이다. 금년에는 작년보다 A회사는 판매량이 20% 증가했고, B회사는 10% 감소하여 두 회사의 자동차 판매량의 합은 작년보다 10% 증가하였다. 금년 A회사의 자동차 판매량을 구하면?

① 100대   ② 170대

③ 200대   ④ 240대

 A회사에서 작년에 판매한 자동차 대수 : x대

B회사에서 작년에 판매한 자동차 대수 : y대

$x+y=300$

$1.2x+0.9y=300\times1.1$

$\therefore x=200,\ y=100$

따라서 금년 A회사의 자동차 판매량은 20% 증가했으므로 $200\times1.2=240$(대)

이 문제 중요!

05 L사의 영업사원인 A, B 두 사람은 지난달에 25군데의 지점을 관리했다. 이번 달에 A는 지난달에 비해 관리 지점 수가 30% 증가, B는 40% 감소하여 두 사람이 합해서는 12% 감소했다. 이번 달에 A의 관리 지점은 몇 군데인가?

① 12 ② 13

③ 14 ④ 15

정답 해설 지난달 A의 관리 지점 수를 x, B의 관리 지점 수를 y라 하면

$x+y=25$

$(1+0.3)x+(1-0.4)y=25 \times (1-0.12)$

$x=10, y=15$

따라서 이번 달 A의 관리 지점은 $10 \times (1+0.3)=13$군데

소요시간		채점결과	
목표시간	5분	총 문항수	5문항
실제 소요시간	( )분 ( )초	맞은 문항 수	( )문항
초과시간	( )분 ( )초	틀린 문항 수	( )문항

기출유형분석

⏱ 문제풀이 시간 : 1분

▶ 경희 혼자 작업하면 12일, 수빈이 혼자 작업하면 16일이 걸리는 일이 있다. 이 일을 두 명이 같이 하게 될 때 걸리는 작업 시간은?

① 약 7일   ② 약 8일

③ 약 9일   ④ 약 10일

정답해설 전체 작업량을 1이라고 할 때

경희의 1일 작업량 : $\dfrac{1}{12}$

수빈이의 1일 작업량 : $\dfrac{1}{16}$

두 명이 같이 일할 때 작업량 : $\dfrac{1}{12} + \dfrac{1}{16}$

일을 모두 마치는 데 걸리는 시간 : $1 \div \left(\dfrac{1}{12} + \dfrac{1}{16} \right) = 6.85 \cdots$

∴ 약 7일 걸린다.

 핵심정리
• 일의 양

전체 일의 양 또는 부피를 1이라 하면 다음의 공식이 성립한다.

- 작업속도 $= \dfrac{1}{\text{걸리는 시간}}$

- 걸리는 시간 $= \dfrac{\text{일의 양}(=1)}{\text{작업속도}}$

정답 ①

[01~05] 다음 문제를 읽고 물음에 답하시오.

총 문항 수 : 5문항 | 총 문제풀이 시간 : 5분 | 문항당 문제풀이 시간 : 1분

01 3일 안에 끝내야 할 일의 $\frac{1}{3}$을 첫째 날에 마치고, 남은 일의 $\frac{2}{5}$를 둘째 날에 마쳤다. 셋째 날에 남은 일의 양은 전체의 몇 %인가?

① 40% ② 30%
③ 20% ④ 10%

정답해설 전체 해야 할 일의 양 : x
셋째 날 까지 남은 일의 양은
$$\left(x-\frac{1}{3}x\right)-\left(\frac{2}{3}\times\frac{2}{5}\right)x=\frac{2}{5}x$$
$$\therefore \left(\frac{2}{5}x\times\frac{1}{x}\right)\times100=40(\%)$$

02 어떤 일을 하는 데 A는 60시간, B는 90시간이 걸린다고 한다. A와 B가 함께 일을 하면 각자 능력의 20%를 분업 효과로 얻을 수 있다고 한다. A와 B가 함께 일을 한다면 몇 시간이 걸리겠는가?

① 25시간 ② 30시간
③ 35시간 ④ 36시간

정답해설 전체 작업량을 1이라 하면, A의 1시간 작업량 : $\frac{1}{60}$, B의 1시간 작업량 : $\frac{1}{90}$
A와 B가 함께한 1시간 작업량 : $\left(\frac{1}{60}+\frac{1}{90}\right)\times1.2=\frac{1}{30}$
$\therefore$ 전체 일을 하는 데 걸리는 시간 : $1\div\frac{1}{30}=30$(시간)

이문제중요!

03 어떤 물통에 물을 가득 채우는 데 A관을 사용하면 15분이 걸리고, B관을 사용하면 10분이 걸린다. 처음 10분은 A관만 사용하고, 나머지는 A, B관을 모두 사용하여 물통을 채운다고 할 때, 물통을 가득 채우는 데 걸리는 총 시간은?

① 12분 　　　　　　　　② 13분
③ 14분 　　　　　　　　④ 15분

 A관은 1분에 물통의 $\frac{1}{15}$ 을 채울 수 있고,

B관은 1분에 물통의 $\frac{1}{10}$ 을 채울 수 있다.

처음 10분은 A관만 사용하였으므로

$\frac{1}{15} \times 10 = \frac{10}{15} = \frac{2}{3}$ 만큼 채웠다.

따라서 물통의 $\frac{1}{3}$ 만 채우면 된다.

A관과 B관을 동시에 사용한 시간을 x라고 하면

$\frac{x}{15} + \frac{x}{10} = \frac{1}{3}$

$\frac{2x+3x}{30} = \frac{10}{30}, \ x=2$

∴ 물통을 채우는 데 걸린 총 시간 $= 10+2 = 12$(분)

04 300L들이 물통에 물을 가득 채우는데 수도꼭지 A로 물을 받으면 수도꼭지 B로 물을 받는 것에 비해 2배의 시간이 걸린다. 또, 수도꼭지 A와 B를 동시에 사용하여 물을 받으면 물을 가득 채우는데 20분이 걸린다. 수도꼭지 B에서 1분 동안 나오는 물은 몇 L인가?

① 6L 　　　　　　　　② 8L
③ 10L 　　　　　　　　④ 12L

수도꼭지 A에서 1분간 나오는 물의 양을 $x(\text{L})$라고 하면

수도꼭지 B에서는 1분간 $2x(\text{L})$가 나온다.

둘을 동시에 사용하면 1분간 $3x(\text{L})$가 나오는데 20분이면 300L들이 물통을 가득 채울 수 있으므로

$20 \times 3x = 300$, $x = 5$

따라서 수도꼭지 B에서 1분간 나오는 물의 양은 $2x = 10$L이다.

05 민수와 은진이가 함께 일을 하면 8일 걸리는 일을 은진이가 4일 동안 일한 후, 그 나머지는 민수가 10일 걸려서 완성하였다. 이 일을 민수 혼자서 하려면 며칠이나 걸리겠는가?

① 8일

② 10일

③ 11일

④ 12일

 전체 일의 양이 1일 때

민수가 하루에 일하는 양을 x, 은진이가 하루에 일하는 양을 y라 하면

$8(x+y) = 1$

$10x + 4y = 1$

$\therefore x = \dfrac{1}{12}$, $y = \dfrac{1}{24}$

민수는 하루에 $\dfrac{1}{12}$씩 일을 하므로 일을 완성하려면 12일이 걸린다.

소요시간		채점결과	
목표시간	5분	총 문항수	5문항
실제 소요시간	( )분 ( )초	맞은 문항 수	( )문항
초과시간	( )분 ( )초	틀린 문항 수	( )문항

3일 벼락치기 롯데그룹 L-TAB

⏱ 문제풀이 시간 : 1분

▶ 영희와 철수는 각각 구슬을 가지고 있다. 영희와 철수가 가진 구슬 개수의 합의 3배와 영희와 철수 구슬의 개수 차의 7배는 같다. 영희가 가진 구슬의 개수는 철수의 것보다 2배하고도 9개가 더 많다. 그렇다면, 영희가 가진 구슬 개수는?

① 30개   ② 35개

③ 36개   ④ 45개

 영희의 구슬 개수는 a, 철수의 구슬 개수는 b라고 하면

$(a+b)=\dfrac{7}{3}(a-b)$ ⋯ ㉠

$a=2b+9$ ⋯ ㉡

㉡을 ㉠에 대입하면

$2b+9+b=\dfrac{7}{3}(2b+9-b)$

$9+3b=\dfrac{7}{3}(9+b)$, $b=18$

이를 ㉡에 대입하면 $a=2\times18+9=45$

∴ 영희의 구슬 개수는 45(개)

정답 ④

[01~07] 다음 문제를 읽고 물음에 답하시오.

총 문항 수 : 7문항 | 총 문제풀이 시간 : 7분 | 문항당 문제풀이 시간 : 1분

01 사자 – 호랑이 나라에서 사자의 20%는 자신을 호랑이로, 호랑이의 10%는 자신을 사자로 생각하고, 나머지는 정상이다. 전체 사자 – 호랑이 중의 40%가 자신을 호랑이로 생각한다면 호랑이는 전체의 약 몇%인가?

① 24%   ② 25.6%

③ 27%   ④ 28.6%

사자를 x마리, 호랑이를 y마리라 하면

자신을 호랑이라고 생각하는 사자는 $0.2x$마리이고, 자신을 호랑이라고 생각하는 호랑이는 $0.9y$이다.

또한 전체 $(x+y)$마리 중 $0.4(x+y)$가 자신을 호랑이라고 생각하므로

$0.2x+0.9y=0.4(x+y)$

$5y=2x$, $\therefore x=\dfrac{5}{2}y$

전체에서 호랑이의 비율은 $\dfrac{y}{x+y}\times100$이므로

$\dfrac{y}{\dfrac{7}{2}y}\times100=\dfrac{200}{7}\fallingdotseq28.57\%$

$\therefore$ 호랑이는 전체의 약 28.6%

 이문제중요!★

02 수영이는 문구점에서 공책과 연필을 사서 10,000원을 냈더니 1,900원을 거슬러 받았다. 공책의 가격은 1,200원, 연필의 가격은 300원이고 구입한 공책과 연필의 개수가 12개였다면, 공책을 몇 권 샀는가?

① 5권
② 6권
③ 7권
④ 8권

정답해설 공책의 개수 : x, 연필의 개수 : y

$x+y=12$

$1,200x+300y=10,000-1,900=8,100$

$\therefore x=5$(권), $y=7$(개)

03 A고등학교와 B고등학교에서 특별활동으로 음악과 미술 중 어떤 것을 선택할지 조사를 했다. A고등학교에서 음악, 미술을 선택한 학생 수의 비는 6 : 5이고, B고등학교는 3 : 5이다. 두 고등학교 전체에서 음악을 선택한 학생 수와 미술을 선택한 학생 수의 비는 4 : 5일 때, A고등학교와 B고등학교의 전체 학생 수의 비는?(단, 음악과 미술 중 하나만 선택가능하며 반드시 하나는 선택해야함)

① 11 : 16 　　　　② 11 : 17

③ 11 : 18 　　　　④ 11 : 19

A고등학교의 전체 학생 수를 a, B고등학교의 전체 학생 수를 b라 하면

A고등학교에서 음악을 선택한 학생 수 : $\dfrac{6}{11}a$

A고등학교에서 미술을 선택한 학생 수 : $\dfrac{5}{11}a$

B고등학교에서 음악을 선택한 학생 수 : $\dfrac{3}{8}b$

B고등학교에서 미술을 선택한 학생 수 : $\dfrac{5}{8}b$

두 고등학교 전체에서 음악과 미술을 선택한 학생 수의 비가 4 : 5이므로

$\left(\dfrac{6}{11}a+\dfrac{3}{8}b\right):\left(\dfrac{5}{11}a+\dfrac{5}{8}b\right)=4:5$

$4\left(\dfrac{5}{11}a+\dfrac{5}{8}b\right)=5\left(\dfrac{6}{11}a+\dfrac{3}{8}b\right)$

$240a+165b=160a+220b$

$80a=55b,\ 16a=11b$

$\therefore a:b=11:16$

04 현재 어머니와 아들의 나이를 합하면 80세이다. 4년 전에 어머니의 나이가 아들 나이의 5배였다고 하면, 현재 아들의 나이는 몇 세인가?

① 14세   ② 16세

③ 20세   ④ 24세

 현재 어머니의 나이 : x, 현재 아들의 나이 : y

$x+y=80$ ⋯ ㉠

$x-4=5(y-4)$, $x-5y=-16$ ⋯ ㉡

㉠, ㉡을 연립하여 풀면

$6y=96$, $y=16$

∴ $y=16$(세)

05 12명이 5개씩 귤을 나누면 7개가 부족하다고 할 때, 8명이 3개씩 나누어 가질 경우 남는 귤의 수는?

① 17개   ② 22개

③ 25개   ④ 29개

 12명이 5개씩 귤을 나누면 7개가 부족하므로 귤의 개수는

$12\times5-7=53$(개)이다.

8명이 3개씩 나누어 가지면 $8\times3=24$(개)의 귤이 필요하므로

∴ 남는 귤의 수는 $53-24=29$(개)이다.

06 한 우리 안에 얼룩말과 타조가 총 22마리 섞여 있는데, 다리의 수를 세어봤더니 72개였다. 타조는 몇 마리 있는가?

① 7

② 8

③ 9

④ 10

 얼룩말의 수를 x, 타조의 수를 y라 하면

$x+y=22$

$4x+2y=72$

$y=22-x$를 대입하면

$4x+2(22-x)=72$

$x=14,\ y=8$

07 시계바늘이 4시 18분을 가리킬 때, 시침과 분침이 이루는 각은 몇 도 인가?

① 21°

② 22°

③ 23°

④ 24°

 1분에 시침은 0.5°씩 움직이고, 분침은 6°씩 움직인다.

따라서 4시 18분의 시침은 $4 \times 30° + 18 \times 0.5° = 120° + 9° = 129°$

분침은 $18 \times 6° = 108°$

$\therefore 129° - 108° = 21°$

소요시간		채점결과	
목표시간	7분	총 문항수	7문항
실제 소요시간	( )분 ( )초	맞은 문항 수	( )문항
초과시간	( )분 ( )초	틀린 문항 수	( )문항

기출유형분석

▶ 6개의 문자 a, a, b, b, c, c를 일렬로 배열할 때, b는 서로 이웃하지 않도록 배열하는 경우의 수를 구하면?

① 45

② 50

③ 55

④ 60

정답해설

6개의 문자 a, a, b, b, c, c를 일렬로 배열하는 경우의 수는

$$\frac{6!}{2!2!2!} = \frac{6 \times 5 \times 4 \times 3 \times 2}{2 \times 2 \times 2} = 90$$

b, b를 한 문자 B로 보고 B, a, a, c, c를 일렬로 배열하는 경우의 수는

$$\frac{5!}{2!2!} = \frac{5 \times 4 \times 3 \times 2}{2 \times 2} = 30$$

따라서 구하는 경우의 수는 $90 - 30 = 60$

정답 ④

[01~06] 다음 문제를 읽고 물음에 답하시오.

총 문항 수 : 6문항 | 총 문제풀이 시간 : 6분 | 문항당 문제풀이 시간 : 1분

01 어느 회사에서 5명이 모여 회의를 하였는데, 회의 시작 전에 서로 악수를 주고받았다. 한 사람도 빠짐없이 서로 악수를 주고받았다면 악수는 모두 몇 번 한 것인가?

① 10가지

② 12가지

③ 14가지

④ 16가지

정답해설

5명을 A, B, C, D, E라고 했을 때, 악수하는 경우는 (A, B), (A, C), (A, D), (A, E), (B, C), (B, D), (B, E), (C, D), (C, E), (D, E)의 10가지이다.

02 여학생 2명과 남학생 4명이 순서를 정하여 차례로 뜀틀 넘기를 할 때, 여학생 2명이 연이어 뜀틀 넘기를 하게 되는 경우의 수는?

① 120가지
② 180가지
③ 240가지
④ 300가지

 여학생 2명을 한 묶음으로 생각하여 경우의 수를 구하면

$5! \times 2! = 120 \times 2 = 240$(가지)

🔊 **이 문제 중요!**★

03 10발을 쏘아 평균 6발을 명중시키는 사람이 2발을 쏘았을 때 1발만 명중시킬 확률은?

① $\dfrac{4}{25}$
② $\dfrac{7}{25}$
③ $\dfrac{9}{25}$
④ $\dfrac{12}{25}$

정답해설 10발을 쏘아 6발 명중시키므로 명중시킬 확률은 $\dfrac{3}{5}$이고, 실패할 확률은 $\dfrac{2}{5}$이다.

2발 중 1발만 명중시키려면 처음에는 명중하고, 두 번째 실패하거나 처음에 실패하고 두 번째 명중해야 한다.

∴ 구하는 확률은 $\left(\dfrac{3}{5} \times \dfrac{2}{5}\right) + \left(\dfrac{2}{5} \times \dfrac{3}{5}\right) = \dfrac{12}{25}$

04 주사위를 세 번 던져서 나오는 눈의 수를 각각 a, b, c라 할 때, $2a+2b+c=12$를 만족하게 될 확률은?

① $\dfrac{1}{6}$
② $\dfrac{1}{12}$
③ $\dfrac{1}{24}$
④ $\dfrac{1}{36}$

정답해설 주사위를 세 번 던졌을 때 나올 수 있는 모든 경우의 수는 $6 \times 6 \times 6 = 216$(가지)이다.

$2a+2b+c=12$를 만족하는 a, b, c의 순서쌍을 구하면 $(1, 2, 6)$, $(2, 1, 6)$, $(2, 2, 4)$, $(1, 3, 4)$, $(3, 1, 4)$, $(3, 2, 2)$, $(2, 3, 2)$, $(4, 1, 2)$, $(1, 4, 2)$로 9가지이다.

$$\therefore \frac{9}{216} = \frac{1}{24}$$

05 흰 공 2개, 검은 공 2개가 들어 있는 상자에서 A가 임의로 1개 꺼낸 뒤 B가 남은 3개의 공 중에서 임의로 1개를 꺼냈다. B가 꺼낸 공이 흰 공이었을 때, A가 꺼낸 공도 흰 공일 확률은?

① $\dfrac{1}{9}$
② $\dfrac{2}{9}$
③ $\dfrac{1}{3}$
④ $\dfrac{4}{9}$

정답해설 B가 흰 공을 꺼낼 확률은

A가 흰 공을 꺼낸 후 B가 흰 공을 꺼내는 확률과

A가 검은 공을 꺼낸 후 B가 흰 공을 꺼내는 확률의 합이므로

$$\left(\frac{2}{4} \times \frac{1}{3}\right) + \left(\frac{2}{4} \times \frac{2}{3}\right) = \frac{6}{12}$$

따라서 구하는 확률은

$$\frac{\left(\dfrac{2}{4} \times \dfrac{1}{3}\right)}{\dfrac{6}{12}} = \frac{2}{6} = \frac{1}{3}$$

이 문제 중요!★

06
A회사의 승진 시험은 2번까지 기회가 주어지는데 1차 시험은 모두 치러야 하고, 1차 시험을 통과하지 못한 지원자는 2차 시험을 치러야만 한다. 이 승진 시험에 지원하는 4명의 지원자가 1차 시험을 치렀을 때 각 지원자가 1차 시험을 통과할 확률은 $\frac{1}{3}$이고, 2차 시험을 치렀을 때 각 지원자가 2차 시험을 통과할 확률은 $\frac{1}{2}$이라고 하자. 4명의 지원자 중에서 2명만 합격할 확률이 $\frac{q}{p}$일 때, $p+q$의 값을 구하면? (단, p, q는 서로소인 자연수이다.)

① 33

② 35

③ 37

④ 39

정답해설 한 지원자가 승진 시험을 통과할 확률은

$\frac{1}{3}+\frac{2}{3}\times\frac{1}{2}=\frac{2}{3}$

4명 중 2명만 합격할 확률은

${}_4C_2\left(\frac{2}{3}\right)^2\left(\frac{1}{3}\right)^2=\frac{8}{27}$

즉 $\frac{q}{p}=\frac{8}{27}$이므로 $p=27$, $q=8$

∴ $p+q=35$

소요시간		채점결과	
목표시간	6분	총 문항수	6문항
실제 소요시간	( )분 ( )초	맞은 문항 수	( )문항
초과시간	( )분 ( )초	틀린 문항 수	( )문항

기출유형분석

⏰ 문제풀이 시간 : 1분

▶ 다음 그림과 같이 화살표 방향으로 종이를 접은 후, 펀치로 구멍을 뚫고 다시 펼쳤을 때의 그림으로 옳은 것을 고르시오.

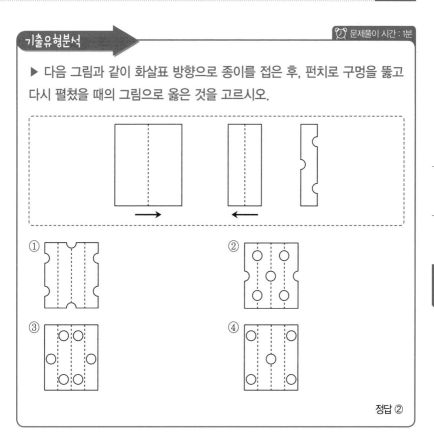

정답 ②

[01~06] 다음 그림과 같이 화살표 방향으로 종이를 접은 후, 펀치로 구멍을 뚫고 다시 펼쳤을 때의 그림으로 옳은 것을 고르시오.

총 문항 수 : 6문항 | 총 문제풀이 시간 : 6분 | 문항당 문제풀이 시간 : 1분

01

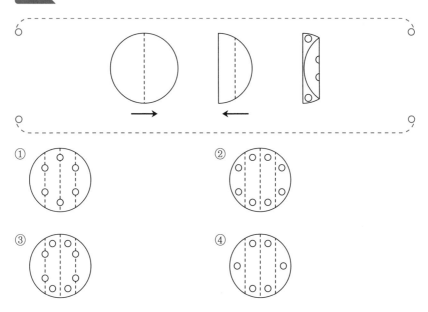

02

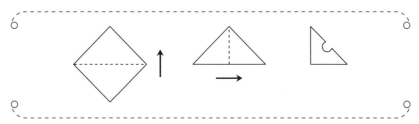

①

②

③

④

03

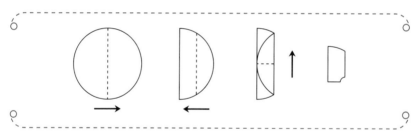

①

②

③

④

04

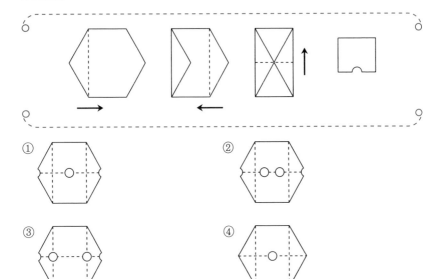

05

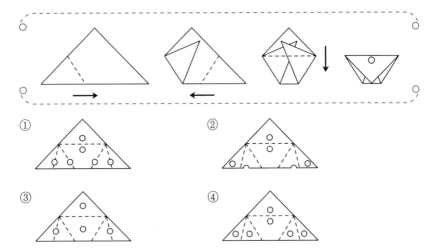

06

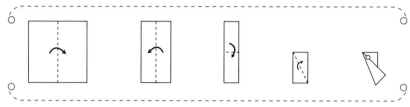

소요시간		채점결과	
목표시간	6분	총 문항수	6문항
실제 소요시간	( )분 ( )초	맞은 문항 수	( )문항
초과시간	( )분 ( )초	틀린 문항 수	( )문항

⏰ 문제풀이 시간 : 1분

▶ 다음 두 블록을 합쳤을 때 나올 수 없는 형태를 고르시오. (단, 두 개의 블록은 회전과 뒤집기가 가능하며 보이지 않는 뒷면은 비어있지 않다.)

①

②

③

④

정답 해설

 +

두 블록이 합쳐진 모양은 다음과 같다.

① ② ③

핵심 정리
두 개의 블록을 결합하여 만들 수 없는 형태를 고르는 유형의 문제로 제시된 두 개의 블록을 회전시키거나 뒤집어서 결합한 형태가 보기로 제시된다. 뒤에 제시되는 문항일수록 블록의 모양이 복잡해지므로 앞부분에 제시된 문제들을 빠르고 정확하게 풀도록 한다. 또한 제시된 두 블록의 전체 개수와 다른 것은 보기에서 가장 먼저 제외한다.

블록 결합 해결 전략
• 특징을 파악하기 쉬운 단순한 형태의 블록을 기준으로 삼는다.
• 돌출된 부분이나 빈칸을 기준으로 블록의 결합 모양을 유추한다.
• 뒤 문항으로 갈수록 복잡한 모양의 블록이 제시되므로 앞 문항을 놓치지 않도록 한다.

정답 ④

[01~12] 다음 두 블록을 합쳤을 때 나올 수 없는 형태를 고르시오. (단, 두 개의 블록은 회전과 뒤집기가 가능하며 보이지 않는 뒷면은 비어있지 않다.)

총 문항 수 : 12문항 | 총 문제풀이 시간 : 12분 | 문항당 문제풀이 시간 : 1분

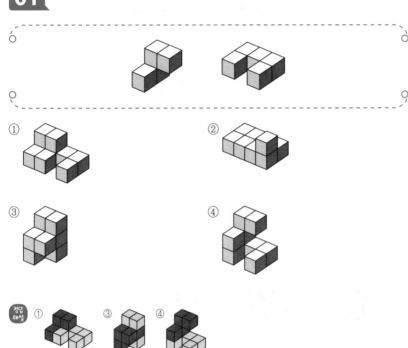

① ③ ④

02

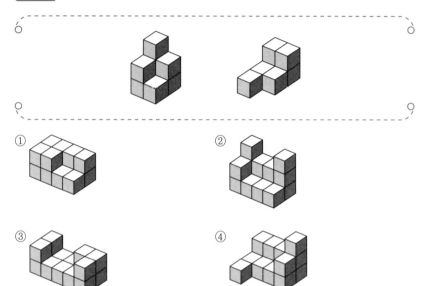

①

②

③

④

03

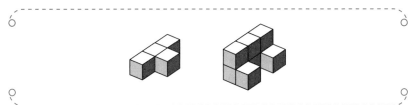

①

②

③

④

정답
해설 ① ② ④

04

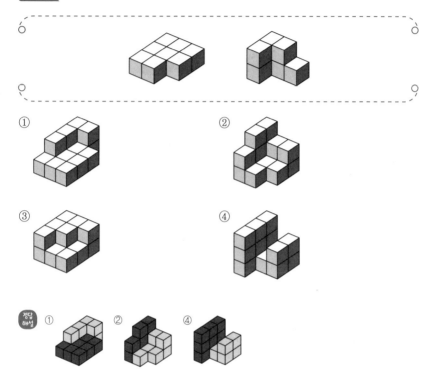

05

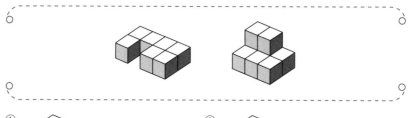

①

②

③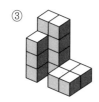

④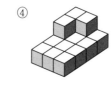

정답해설 ① ② ③

06

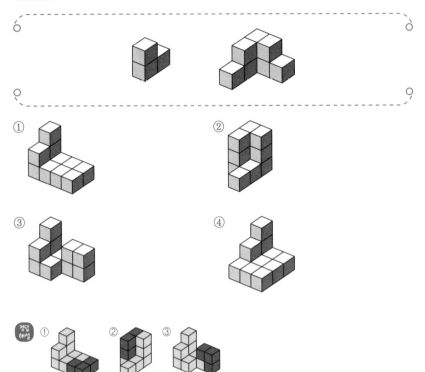

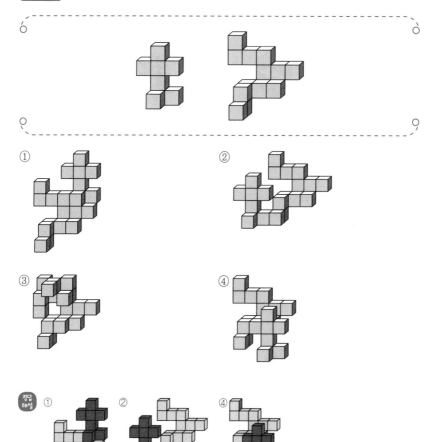

08

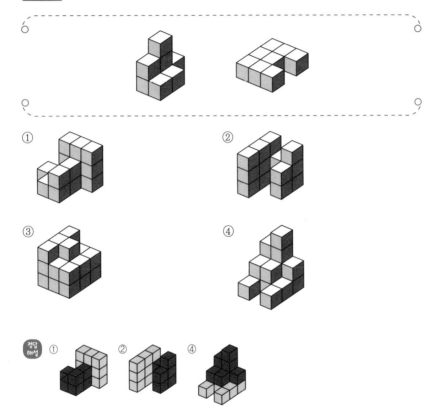

09

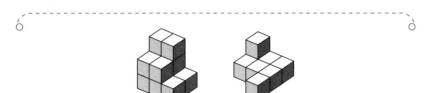

①

②

③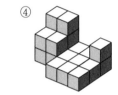

④

정답해설 ③ 다른 블록들의 수(20개)와 달리 전체 블록의 개수가 15개이다.

①   ②   ④

10

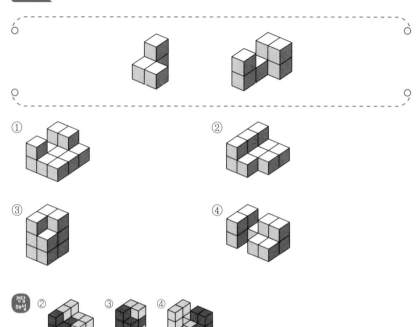

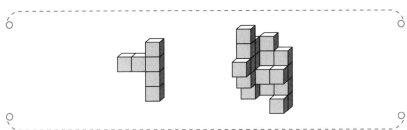

① 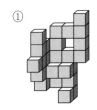　②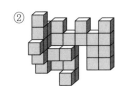

③ 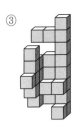　④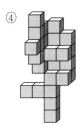

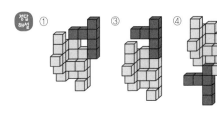

12

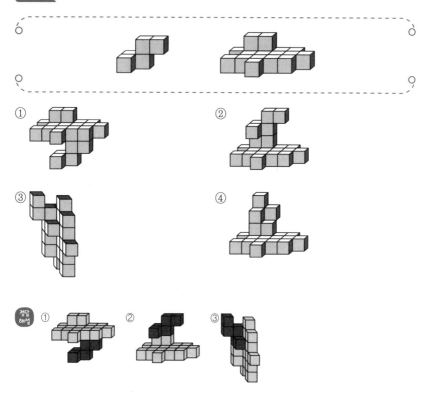